HEYNE <

CORINNE LUCA

AM LIEBSTEN SIND MIR DIE PROBLEMZONEN, DIE ICH NOCH GAR NICHT KENNE

Schönheitswahn-Detox für die Frau von 0 bis 99

Mit Illustrationen
von Karin Lubenau

WILHELM HEYNE VERLAG
MÜNCHEN

Sollte diese Publikation Links auf Webseiten Dritter enthalten, so übernehmen wir für deren Inhalte keine Haftung, da wir uns diese nicht zu eigen machen, sondern lediglich auf deren Stand zum Zeitpunkt der Erstveröffentlichung verweisen.

MIX
Papier aus verantwortungsvollen Quellen
FSC® C083411

Verlagsgruppe Random House FSC® N001967

Originalausgabe 10/2017

Neumarkter Straße 28, 81673 München
Umschlaggestaltung und Illustration:
Hauptmann & Kompanie Werbeagentur, Zürich
Satz: Buch-Werkstatt GmbH, Bad Aibling
Druck: CPI books GmbH, Leck
Printed in Germany
ISBN: 978-3-453-60443-8

www.heyne.de

Inhalt

Schokolade, Babys und Fragezeichen 7

Wie ich anfing, Frauenzeitschriften zu lesen und bemerkte, dass etwas nicht stimmte 13

Schöne Achseln oder: Am liebsten sind mir die Problemzonen, die ich noch gar nicht kenne 25

Vierzig Hände für ein Foto, aber kichern über Tampons: die neue Natürlichkeit 49

Warum Taylor Swift mit 26 dringend einen Mann braucht, während George Clooney noch mit 45 ein Schwein reichte 69

Mode hat keinen Humor, Mode meint es ernst 89

Liebe deinen Körper, auch wenn alle anderen einen besseren haben 117

Warum dieses Buch gern ohne Männer auskommen würde, es aber doch nicht geht 153

Keine kurzen Röcke oberhalb der gläsernen Decke: reinhängen für die richtig erfolgreichen Frauen 173

Bye, bye giftige Gedanken 191

Anmerkungen 197

1052
UNGELESENE
MAILS
UNZÄHLIGE
WINDELN
Eis

Schokolade, Babys und Fragezeichen

Da stand es in der Zeitung: »Wir brauchen mehr Frauen in Führungspositionen.« Entschlossen schob ich meine Familienpackung Schokoladeneis zur Seite und wischte mir eine Träne aus dem Auge. Kurz zuvor hatte ich ein süßes Katzenvideo gesehen. Ich zupfte meine sexy Unterwäsche zurecht – Sie müssen wissen, für mein eigenes Wohlbefinden trage ich ausschließlich Dessous und nichts darüber, wann immer ich kann – und beschloss: »Gut, dann muss ich das wohl machen.« Kaum hatte ich das Internet geöffnet, um herauszufinden, wo ich mich bewerben konnte, da erschien eine Windelwerbung. Gedanklich machte ich einen Vermerk, mir von meinem süßen Nachbarn endlich dieses Anti-Werbung-Dingens installieren zu lassen. Denn ich kenne mich mit Technik nicht aus. Ich hätte es gern notiert, aber meine tränenverhangenen Augen hinderten mich daran. Die liebende Mutter in der Werbung hatte mich wieder zum Weinen gebracht. Ich habe kein eigenes Baby, müssen Sie wissen. Obwohl die unerbittliche Drei auf meiner Geburtstagstorte stand. Ganz vorn. In Gesellschaft einer anderen Zahl. Nach diesem Gedanken war meine Laune nicht mehr die beste. Die Bewerbung würde noch ein wenig warten müssen, ich musste mich erst einmal aufmuntern. Also trank ich das geschmolzene Eis, stellte mein Lieblingslied an (»I Will Survive« von Gloria Gaynor) und machte mich an mein Bauch-Beine-Po-Workout. Danach würden mich die Glückshormone nur so überschwemmen.

Kennen Sie diese Frau? Ich auch nicht. Im wirklichen Leben ist sie mir noch nie begegnet. Und trotzdem kommt mir einiges an ihr bekannt vor, und Ihnen sicher auch. Das liegt daran, dass wir Versionen dieser Frau ziemlich gut kennen. Sie bevölkern unsere Serien, Filme, Werbeplakate und Zeitschriften. Wenn wir Glück haben, bringen sie uns zum Lachen. Meistens machen sie uns aber ein kleines schlechtes Gewissen.

Trägerinnen von zwei X-Chromosomen, also uns, eröffnet sich bekanntlich in beinahe jedem Lebensalter noch ein wenig Potenzial zur Verbesserung. Insbesondere die Lifestylemagazine, Promijournale, Fitnessblätter und Frauenzeitschriften kümmern sich gern um uns. Angefangen habe ich mit *Mädchen* (»Worauf Jungs wirklich stehen!«) und *Bravo Girl* (»Schön im Schlaf: Dieser Kissenbezug zaubert dir glänzendes Haar«). Dann bin ich zu *Grazia* (»So schminkst du dich fürs Fitnessstudio – ohne geschminkt auszusehen«), *InStyle* (»Nie wieder Schwabbelarme: Die 5 effektivsten Übungen«) und *Cosmopolitan* (»8 Sex-Tipps, mit denen du zur Göttin wirst. Nr. 4: Die Krabbe«) übergegangen, um mich anschließend auf den baldigen Doppelspaß aus Figurratschlägen (»Achtung, zum Kinobesuch gehören auch viele sündige Snacks«) und Rezepten (»Probieren Sie doch einmal wieder Tiramisu – den Klassiker der italienischen Küche!«) in *Bild der Frau* und *tina* zu freuen. Dabei, so bemerkte ich zwischen meinen eigenen Diätversuchen, Hintern-aus-Stahl-Eskapaden und Modeunternehmungen, wurden mir scheinbar eine Menge Fragen beantwortet, die ich eigentlich nie gestellt hatte: »Was ziehe ich an, wenn ich nichts zum Anziehen habe? Wie habe ich sofort mehr Spaß? Wann sehe ich nackt endlich super aus?« Die Zeitschriften blieben mir ihre Antworten nicht lange schuldig. Anziehen konnte ich die drei Must-have-Basics des Monats, für 260 Euro. Mehr Spaß würde ganz schnell eine Typveränderung bringen, wenn ich Lust darauf hätte, ginge das sogar ganz ohne Beziehungskrise! Und nach den Powerübungen für sexy Bauch und Wow-Po würde es auch endlich wieder mit dem Nacktsein und dem Nachbarn klappen.

LOVE YOURSELF

Das Beste aber war, es ging den Zeitschriften nicht nur um schmalere Oberschenkel oder meinen perfekten Teint. Nicht wenige der Artikel erklärten mir auch, diese Äußerlichkeiten seien zwar sehr wichtig, aber eigentlich nur Nebenprodukte auf dem Weg zu mir selbst. Wenn ich sie erreichen würde, wartete am Ende des Weges mein eigentliches Ziel: meine Zufriedenheit, mein Glück. Ich machte mich also mit der Lektüre auf zu einer besseren Version von mir. Und musste nur noch überlegen, ob ich lieber ganz cool auf »Glam as you are« (*Glamour*) setzen wollte, gerne »First in Fashion« (*Grazia*) wäre oder doch lieber »Fun. Fearless. Female« (*Cosmopolitan*). Wer sagt da noch, dass Frauen nicht alles haben können?

Von der perfekten Frau schreibt heute kaum noch jemand, zumindest benutzt man das Wort nicht mehr. »Perfekt« ist nämlich out. Das würde auch zu sehr nach den 60er-Jahren klingen. Für die moderne Frau dreht sich alles um ihr *eigenes* Wohlbefinden. Nur kleine Schubser in die richtige Richtung sind das, wenn für uns überlegt wird, wie wir uns richtig entspannen, was das neueste Superfood ist oder wie man trainiert, ohne unschöne Muskeln zu bekommen, die uns die schmale Silhouette versauen. Die Zeiten, als die Frage unser Leben bestimmte, ob dem heimgekehrten Gatten unser Schweinebraten schmecken wird, sind schließlich vorbei. Bei der Erfüllung unserer neuen Träume helfen uns Cremes, die passende Kleidung je nach Körperform, Fitnessgeräte und selbstverständlich unsere Selbstzweifel.

Die ersten Frauenzeitschriften im Wirtschaftswunderland hatten noch die Hausfrau mit Familie im Blick. Heute sind wir selbstbestimmt, unabhängig und erfolgreich. Erfolgreich heißt kaufkräftig, das hören sowohl die Magazine als auch ihre Anzeigenkunden gern. Superwoman ist gelandet und hat die Hausfrau endlich an die Seite gestellt. Aber war das wirklich ein guter Tausch? Jeden Monat flüstert man uns nun in unseren Zeitschriften und auf den dazugehörigen Webseiten eine Menge Dinge zu. Es ist unser ganz eigenes Absurdistan, in das wir uns beim Blättern begeben. Ein Land, in dem faltige Knie Problemzonen sind und man sich mit Contouring-Stiften die Beine schlanker schminkt. Auch in diesem Buch wird es um Cellulite, Winkefett und Modesünden gehen und doch wird es ganz anders. Wir wissen natürlich, unsere Beziehung können wir nicht mit der einen Knaller-Sexstellung retten und Bauchmuskeln mögen vieles definieren, aber sicher nicht unser Lebensglück. Nur, das tägliche Summen und Brummen der Abnehmdrinks- und Anti-Spliss-Fraktion abzustellen, ist gar nicht so einfach. »Sind Sie müde und schlapp und irgendwie tut alles weh?«, fragt eine Frauenzeitschrift. »Dann ist es Zeit für Detox.« Und so haben wir zum Schluss doch noch eine Antwort gefunden, die endlich Sinn macht. Denn es ist wirklich höchste Zeit für eine Entgiftung, für Schönheitswahn-Detox. Dieses Mal dürfen Weizen und Zucker bleiben. Statt Säften und warmem Wasser mit Cayennepfeffer nehmen wir ein paar Lacher zu uns. Wir zählen keine Kalorien, sondern alles auf, was uns ein schlechtes Gewissen macht: bei unserem Blick hinter die Kulissen der Schönheitsbranche. Dort, wo man uns nur allzu gern mit Fragezeichen bewirft, um dann Antworten anzubieten, die eigentlich keine sind. Auf Fragen, die wir nie gestellt haben. Wir brauchen niemand, der uns *unsere* Problemzonen erklärt. Am liebsten sind uns sowieso die, die wir noch gar nicht kennen.

EXTRA
Jutta
LUISE
BOOM
WILMA
NEU
PETRA
DIÄT
LOTTA
LISA
TOP PO!
Gabi
Silke
Marie
10 DINGE

Wie ich anfing, Frauenzeitschriften zu lesen und bemerkte, dass etwas nicht stimmte

Meine früheste Erinnerung an eine Frauenzeitschrift sind die Überlegungen meiner Eltern, ob die Zeitschrift *Mädchen* mit der *Bravo* zu vergleichen war. Ich muss ungefähr zwölf Jahre alt gewesen sein und die *Bravo* konnte ich nur bei Freundinnen durchblättern. Auch hier war sie manchmal von den Erziehungsberechtigten durch das Herausreißen kritischer Teile bereinigt worden.

Meine Eltern waren nicht prüde. Sie hatten nur beschlossen, die Aufklärung ihrer Tochter selbst in die Hand zu nehmen. Das Tempo bestimmte mehr ich als sie, und auch in diesem Fall hatten sie, wie bei vielen anderen Dingen, einen guten Riecher. Denn auch wenn ich hier und da versuchte, mir die ersten Hinweise auf das Mysterium Sex zusammenzupuzzeln – an der *Mädchen* interessierten mich andere Dinge. In den Tälern der Frühpubertät suchte ich nach Bestätigung. Bestätigung dafür, dass mein sich entwickelnder Körper nicht im ersten Stadium einer grausamen Krankheit steckte. Was andere natürlich fanden, war in meiner Wahrnehmung eher eine aufbrechende Masse, ein bisschen wie im Film *Alien*.

Die Mädchen auf den Titelseiten der Zeitschriften hatten reine Haut und perfekte Haare, und auch sonst scheinbar alles im Griff. Mehr noch, sie lächelten mir aufmunternd zu. Nicht so, wie die Frauen auf den Fernsehzeitschriften oder dem *Playboy* lächelten, auffordernd und verführerisch, den Blick von unten auf den Käufer gerichtet. Den Frauen auf den Titelbildern meiner Zeitschriften schaute ich direkt ins Gesicht, in ihre Augen. Es waren potenzielle Freundinnen, die sich mir anboten, und diese Freundinnen versprachen mir eine neue Welt. Eine Welt mit ein paar Dingen, die mir noch fremd waren. Aber doch eine Welt, die ich sonst nur selten so konsequent in einer Zeitung fand. Zwischen ihren Überschriften zu IT-Pieces, Dekorationsideen und der neuesten Coloration gegen Spliss las ich auch ganz deutlich ihr Versprechen: Das hier ist Frauenterritorium.

Mit zwölf Jahren wollte ich wissen, was mich erwartete. Wie es ist, eine Frau zu sein. Was ich tun musste, um eine zu werden und warum alles so verwirrend schien. Meine erste *Mädchen* bot mir das, was ich auch heute noch an Frauenzeitschriften spannend finde: andere Frauen und ihre Geschichten. Kathrin probierte zum ersten Mal lila Lidschatten, um sich zu schminken wie T-Seven von Mr. President, Franziska war auf der Suche nach der perfekten Jeans, die sie zur Levis 501 führte und Katharina hatte sich im Fotoroman unsterblich in Sebastian verliebt. Der aufmerksamen Leserin wird nicht entgangen sein, dass wir uns mitten in den 90er-Jahren befinden.

Damals fiel mir noch nicht auf, dass die *Mädchen* mich nicht fragte, wie ich sein wollte. Sie erklärte mir auch viel zu selten, wie ich sein könnte. Sie sagte mir stattdessen, wie ich sein sollte. Und ihre Variationsmöglichkeiten beim Thema Mädchen und Frau waren eher beschränkt. Ich bemerkte es noch nicht, denn zunächst wollte ich mich nur nicht allein fühlen und ein Stück von dem Wissen, was es heißt, eine Frau zu sein.

Zugegeben, mit meinen Erwartungen hatte ich dem bunten Heft eine ziemliche Hypothek mitgegeben. Die Frage, was eine Frau ist, ist schwer zu beantworten. Was macht Frauen aus: Brüste, Eierstöcke, eine Gebärmutter? Sagen wir, ich verliere etwas davon. Dann wäre ich noch eine Frau. Wenn ich morgen ohne Brüste aufwachen würde, sich aber sonst nichts geändert hätte, wäre ich trotzdem eine Frau. Vielleicht würden es ein paar Menschen anders sehen, aber ich würde eine Frau bleiben, weil ich mich fühle wie eine. Die Frage, ob ich mich verhalte wie eine Frau, aussehe wie eine, eine bin, kann eigentlich nur eine einzige Person beantworten: ich selbst.

Da wir aber nicht nur mit uns selbst leben (erfreulicherweise), gibt es natürlich trotzdem eine Idee in unseren Köpfen. Eine Idee davon, wie eine Frau so ist, wie sie aussieht und was sie tut oder nicht tut. In diesem Buch wird es viel um »die Frauen« gehen. Wenn wir von »den Frauen« lesen, sind wir es gewohnt, den Gegensatz dazu zu denken. Das wären dann »die Männer«. Frauen und Männer scheinen als Gegensatzpaar zusammenzugehören. Aber warum ist das eigentlich so? Man kann sagen: »Männer und Frauen sind eben unterschiedlich«, und das würde sogar irgendwie stimmen. Und trotzdem gibt es meistens mehr Unterschiede innerhalb einer Gruppe von Frauen bzw. Männern als zwischen den beiden. Nehmen wir zum Beispiel die Körpergröße. »Männer sind größer als Frauen«, das kann man so sagen. Und doch gibt es eine Menge Frauen auf der Welt, die größer sind als Männer. Auch der Größenabstand zwischen dem größten und dem kleinsten Mann der Welt ist viel größer als der Abstand zwischen dem Durchschnitt aller Männer und dem Durchschnitt aller Frauen. Der Satz »Männer sind größer als Frauen«, so offensichtlich er klingen mag, trifft nicht auf alle zu. Wir könnten noch viele andere Dinge auswerten: Einparkfähigkeiten, Anzahl der Tränen bei romantischen Filmen, Backkenntnisse oder die Schnelligkeit beim Holzhacken. Wenn wir dann nach unserer Untersuchung die Kurven mit den Messwerten von sehr vielen Männern und sehr vielen Frauen übereinanderlegen würden, würde es in der Mitte einen großen Bereich geben, in dem sie überlappen. In dem sich Männer und Frauen gleichen. Das heißt gleich gut einparken, Kuchen backen oder Holz hacken können. Die Ausschläge an den Enden der Kurven sind oft das, was wir als »typisch Mann« oder »typisch Frau« bezeichnen. Man kann sagen, es unterscheidet die beiden Gruppen. Aber es trifft nicht zwangsläufig auf alle zu.

Unsere Schubladen machen aber trotzdem Sinn. Denn wir ordnen damit unsere Welt. Wenn wir Erlebnisse oder Eindrücke nicht einordnen könnten, würde irgendwann unser Kopf explodieren angesichts der Flut an Informationen, die wir jeden Tag gefüttert bekommen. Wir können also gern versuchen, unsere Kopfkommode zum Sperrmüll zu stellen, es wird uns aber vermutlich nicht gelingen. Was wir allerdings tun können, ist, uns an die Schubladen zu erinnern, sie immer mal gut durchzulüften und die Dinge in ihnen ab und zu umzuorganisieren. Denn nicht nur die Welt ist manchmal verworren. Auch Frauen sind komplexe Persönlichkeiten, die von mehr bestimmt werden als nur davon, dass sie Frauen sind. Und für Männer gilt das Gleiche.

Die Kommode der Frauenzeitschriften hat nur eine Schublade, mit Vorhängeschloss. Sie wird sehr selten geöffnet und die meisten Dinge in ihr haben längst Spinnweben angesetzt. Trotzdem schaffen es die bunten Hefte jeden Monat wieder, den gleichen Inhalt neu zu beschreiben. Das ist eine ziemliche Aufgabe – die Ausgaben, die hier vor mir liegen, haben schließlich alle um die 300 Seiten. Aber wenn man unseren Lieblingsmagazinen glaubt, ist es eben auch nach dem zwölften Lebensjahr immer noch keine leichte Sache, eine Frau zu sein. Um die Aufgabe zur Zufriedenheit aller zu erledigen, brauchen wir etwas Unterstützung. Genau an dieser Stelle tut man uns den ersten Gefallen, um den wir nicht gebeten haben. Die Zeitschriften vereinfachen einfach alles ein bisschen. Aus den verschiedensten Frauen, Körpern, Hautfarben, Haaren und Interessen, die wir in der wirklichen Welt finden, wird bei ihnen – zauber, zauber – eine einzige Sorte Frau. Nun gut, vielleicht manchmal auch anderthalb. Es ist die Sorte Frau, die in die Schublade passt. Die Sorte Frau, die jeden Morgen zuverlässig mit zauberhaftem Lächeln und perfektem Make-up ihrem Bett entsteigt. Um hängende Brüste und unschöne Kissenfalten zu vermeiden, schlief sie sitzend im BH. Ganz still saß sie dort, acht Stunden lang und träumte von ihrer eigenen Hochzeit. Gut ausgeruht startet sie nun wahlweise mit einem Eiweißshake oder Quinoa-Power-Müsli in den Tag. Das macht sie so glücklich, dass sie gerade schon wieder lacht und ihre Haare zurückwirft.

Selbstverständlich wissen wir, dass diese Frau nicht existiert. Und ziemlich kompliziert klingt das auch, so zu sein. »Und genau deshalb sind wir für euch da!«, rufen die Frauenzeitschriften nun prompt. »Eigentlich ist auch alles ganz easy und macht total Fun. Ihr könnt ja nichts dafür, dass Frauen so komplizierte Wesen sind.« Oder dazu gemacht werden. Denn wir lieben Süßes, aber wollen nicht dick werden. Wir wollen den Mann fürs Leben (alle, ausnahmslos), aber trotzdem unabhängig sein. Wir lieben Handtaschen und Schuhe abgöttisch, aber uns gefallen immer nur die teuersten Exemplare. Kein Wunder, dass wir so oft Kopfschmerzen haben und unsere schwierigen Tage mit Chips beschließen. Man kann es nicht anders sagen, es scheint kompliziert zu sein, so ein Frauenleben. Wie schön, dass uns auch bei der Strukturierung geholfen wird.

Dank eines verlässlichen Jahresrhythmus der Themen können wir nämlich sicher sein, unsere Energie immer auf die richtigen Dinge zu konzentrieren. Seit ich Frauenzeitschriften lese, brauche ich keinen Kalender mehr. Um festzustellen, wo wir uns gerade im Jahr befinden, reicht mir ein Blick ins Zeitschriftenregal. Mit großer Wahrscheinlichkeit hat gerade das neue Jahr begonnen, wenn wir unsere Weihnachtspfunde loswerden wollen. Dann verbringen wir, irgendwo zwischen Flirttipps im Frühling und den Vorbereitungen auf den Sommer-Bikini-Body, die schönsten Monate des Jahres mit den wirklich wichtigen Dingen, um uns im Oktober ins sexy Halloweenkostüm zu zwängen. Ab da dekorieren wir eigentlich nur noch durch bis Dezember und basteln mit unseren festlichen Fingernägeln tolle Sachen. Im Mega-Glitzeroutfit mit Mörder-High-Heels blicken wir dann an Silvester auf ein ganz fantastisches Jahr zurück. Wenn da nur nicht die drei Kilo zu viel von den Feiertagen wären …

Jetzt sitzen Sie hoffentlich mit diesem Buch an einem gemütlichen Ort und denken sich vielleicht: »Ich lese Frauenzeitschriften eigentlich immer in der Arztpraxis, auf langen Zugfahrten oder im Urlaub auf der Sonnenliege. Wenn ich mich mit den existenziellen Fragen meines Daseins beschäftigen will, greife ich zu Richard David Precht.« Dass mir hier keine sehr gut Bücher verkaufende und gern in Talkshows sitzende Philosophin in weiblich einfiel, ist übrigens bereits Teil des Problems. Deshalb gibt es nur eine Erwiderung auf diesen kleinen Einwand: »Eben! Genau das flüstern uns die parfümierten Seiten ja ständig zu.« – »Schh, sei still …«, sagen sie, »wir wollen dich nur ein wenig unterhalten. Und auf dem Weg dorthin bekommst du noch eine neue Frisurenidee und den letzten Outfitausrutscher deiner Lieblingsberühmtheit oben drauf. Total praktisch, oder? Und total belanglos. Tut niemandem weh und macht sogar Spaß.«

Und zack, sitzen wir in der Falle. Zumindest kam es mir so vor. Denn je mehr ich mich durch Frauenzeitschriften blätterte, desto weniger fühlte sich das Ganze nach einer harmlosen kleinen Realitätsflucht an. Dass sich gelegentlich sehr offensichtlicher Quatsch auf den Hochglanzseiten findet, wurde mir schnell klar. Aber es gibt auch Dinge, die mir nicht sofort ins Auge sprangen. Mit der Zeit bemerkte ich: Beim Zuklappen eines dieser Magazine fühlte ich mich immer ein bisschen schlechter als vorher. Ich schaute ein wenig kritischer in den Spiegel und wunderte mich, welche Produkte beim Einkauf im Wagen landeten. Mich überkam ein schlechtes Gewissen, beim nächsten Schokoriegel oder in den fünf Minuten, die ich mit Nichtstun verbrachte, anstatt sie in meine Bauchmuskeln zu investieren. »Moment mal«, dachte ich,

»so haben wir nicht gewettet, das sollte mich doch alles nur ein bisschen unterhalten.«

Wenn Sie jetzt immer noch innerlich sagen: »Ich glaube, so geht es mir noch nicht«, mag es daran liegen, dass wir nicht ein und dieselbe Person sind. Wir haben verschiedene Geschichten, vermutlich nicht die gleiche Lebenssituation, die gleiche Hautfarbe oder Schuhgröße. (Ich könnte zum Beispiel Comicturnschuhe in der Kinderabteilung kaufen, wenn ich denn wollte.) Wir müssen nicht bei allem, was ich in diesem Buch schreibe, einer Meinung sein. Und trotzdem bin ich davon überzeugt, dass wir sie alle kennen, diese giftigen kleinen Gedanken, die sich bei unseren Selbstgesprächen von Zeit zu Zeit nach vorn drängen: »Bin ich eigentlich hübsch, dünn, klug (aber nicht einschüchternd klug) und locker genug (und nicht nervig und anstrengend), um gemocht zu werden?« Viele Dinge, denen wir Tag für Tag begegnen, tun leider nichts dafür, dass diese Fragen leiser werden. Achten Sie mal darauf, woran Sie beim nächsten Eis denken, wenn Sie kurz vorher von der Super-Sommer-Blitz-Diät gelesen haben.

In meiner ersten Frauenzeitschrift suchte ich nach Gemeinschaft. Und die Gemeinschaft von Frauen ist super. Wir alle haben Mütter, Töchter oder Freundinnen, die unser Bestes wollen, denen wir vertrauen und die uns oft genug auch sehr gut unterhalten. Aber noch keine dieser Frauen ist je auf uns zugelaufen, hat an unserem T-Shirt gezupft und uns in die Hüfte gekniffen, um dann laut auszurufen: »Mensch Mädel, das geht aber besser.« Wenn Ihnen das doch passiert ist, kann ich Ihnen nur raten, diese Person aus Ihrem Leben zu streichen. Was ich damit sagen will: Diese Zeitschriften sind nicht unsere Freundinnen. Egal, wie nett sie uns vom Regal aus anlächeln.

Gut, unsere Beziehung zu Frauenzeitschriften ist heute vermutlich weniger emotional aufgeladen als bei meinem zwölfjährigen Ich und der *Mädchen*. Aber treue Leserinnen sind wir trotzdem.

Es gibt knapp hundert Frauenzeitschriften, die wir jeden Monat kaufen können. Und es kommen noch immer neue Titel hinzu, auch wenn auf dem schrumpfenden Markt für Gedrucktes alle um jede Leserin kämpfen müssen. Die alten Hasen wie *InStyle, Glamour* oder *Cosmopolitan* verkauften im ersten Quartal 2016 jeweils zwischen 250 000 und 330 000 Stück.[1] Das ist weniger als noch vor einigen Jahren. Dafür finden wir ihre Themen heute auch auf vielen Webseiten und in den »Vermischtes«-Abteilungen anderer Onlineableger, die sich gern in Abgrenzung zu den bunten Heften Qualitätsmedien nennen.

Denn noch etwas hat sich geändert seit meiner ersten *Mädchen*-Erfahrung. Die Anzahl der Produkte, die sich an Frauen richten, hat sich erhöht. Wir können Frauenzeitschriften und Promimagazine mittlerweile online und in Apps lesen. Und während wir in Lifestyle- und Modeblogs nach Rezepten oder neuen Outfits suchen, geben wir unseren Kalorienverbrauch und unsere Fitnesserfolge oder Schwangerschaftssymptome ins Smartphone ein. Produkte, die angeblich unserer Unterhaltung dienen, werden gern als ein wenig belanglos wahrgenommen. Und gleichzeitig als kommerzielle Goldminen gepriesen. Nicht alle Frauen mögen diese Zeitschriften, Blogs oder Apps nutzen. Aber in einer Welt, die Käuferinnen gern in Gruppen für den Massenmarkt einteilt, bestimmen sie für uns alle mit, was Frausein bedeutet. Frauenzeitschriften sind unter diesen Medien eine besondere Gattung. Denn nicht selten finden wir hier in konzentrierter Form die Klischees, die uns auch anderswo begegnen. Deshalb lohnt sich ein besonders genauer Blick. Damit wir uns in Zukunft überall besser von den Inhalten fernhalten können, die uns das Gefühl geben, nicht gut genug zu sein.

Denken wir, bevor wir so richtig loslegen, noch einmal kurz über das Wort »Frauenzeitschriften« nach. Wer einmal in einem Zeitschriftenladen stand, weiß, Männerzeitschriften existieren gar nicht als eigene Rubrik. *Men's Health* (Bauchmuskeln), *kicker* (Fußball) oder *Beef* (Fleisch) findet man in den Regalen unter den Überschriften »Sport«, »Genuss« oder »Freizeit und Hobby«. Sich Männer und ihre Interessen als einheitliche Gruppe vorzustellen, scheint schwerer zu funktionieren als bei Frauen. Apropos Männer. Zu denen muss ich auch noch ein paar einleitende Worte verlieren.

2015 lief vor der Tagesschau ein neuer Werbespot für ein Abnehmpulver. Statt der mit Mopshund joggenden Frau erzählte nun Schauspieler Christian Ulmen von seinen Diäterfolgen. Bereits einige Jahre zuvor hatte Fußballnationaltrainer Jogi Löw einen grauhaarigen Mann gecoacht. Der stand im Werbespot mit Blumenstrauß vor der Tür seiner Angebeteten, und Jogi empfahl wenig charmant: »Du bist zwar deutlich in der zweiten Halbzeit, aber jetzt solltest du deine ganze Erfahrung ausspielen. Keine Angst, da geht noch was!« Geworben wurde für eine Anti-Aging-Pflegeserie speziell für den Mann.[2] Auch männliche Bäuche ohne Bauchmuskeln und mit Haaren sieht man in der Werbewelt immer seltener.

Als ich begann, auf meinem Blog über langweilige Frauenthemen und den Schönheitsirrsinn zu schreiben, dauerte es nicht lange, bis jemand kommentierte, dass es Männern doch genauso gehe. Ich könne also aufhören, mich zu beschweren. Mit Blick auf die oben genannten Beispiele stimmt das sogar, auch Männer sind immer mehr einem Schönheitsideal unterworfen. Und doch ist es nicht ganz das Gleiche. Ein Beispiel: Wenn David Beckham mit gut gefüllter Unterhose meterhoch auf Plakatwänden hängt und über den Inhalt dieser Unterhose und dessen Echtheit (etwa ausgestopft, Socken, Penisprothese?) ein paar Tage lang diskutiert wird, dann ist David trotzdem halb nackig auf der Friedrichstraße zu sehen, weil er genau diese Unterwäsche verkaufen will. Die, die er trägt. Es gibt einen Zusammenhang zwischen dem Produkt und der sexy Präsentation. Frauen in knappen Bikinis hängen aber auch auf Plakatwänden, um Baumärkten, Autowerkstätten oder Rentenversicherungen neue Kunden zu verschaffen. Nicht nur deshalb verwirrte mich in dem Kommentar zu meinem Blog damals genauso wie heute das Argument, dass es bei Männern doch genauso sei. Denn selbst wenn man dem zustimmen würde, verstehe ich den Einwand nicht. Macht es den Schönheitswahnsinn denn besser oder erträglicher, wenn er auch Männer betrifft? Diese Erkenntnis müsste doch eher bedeuten, dass wir uns sogar noch mehr darüber ärgern sollten, nur eben am besten gemeinsam, oder?

Wenn ich schreibe, es sei immer noch keine leichte Sache eine Frau zu sein, dann kann ich natürlich dazuschreiben: »Männern geht es vermutlich ähnlich.« Jedes Mal. »Achtung: Das kann auch für Männer gelten.« – »Kurze Anmerkung: Diese Gefühle können auch bei Männern auftreten.« Das wäre allerdings nicht nur ziemlich ermüdend für Sie als Leserin und für mich, das wäre auch nicht mein Buch. Wenn ich etwas schreibe, habe ich immer ein Bild im Kopf von dem- oder derjenigen, für die ich schreibe. Bei diesem Buch habe ich mir eine Freundin vorgestellt, mit der ich mich unterhalte. Wir amüsieren uns über die absurden Schlagzeilen der Frauenzeitschriften, ich erzähle ein paar Geschichten und wir ärgern uns ein bisschen. Am Ende hat sie gelacht, ein paar bisher unbekannte Fakten erfahren und geht mit einem guten Gefühl nach Hause. Vielleicht hat sie sogar ein bisschen konstruktive Wut im Bauch.

Und jetzt kommt, und dann ist diese kleine Vorrede vorbei, das Tollste. Trotz der Leserin, die ich mir vorgestellt habe, ist dies nicht ausschließlich ein Buch für Frauen. Tatsächlich lesen Frauen jeden Tag eine Menge Dinge, die Autoren mit einem männlichen Publikum im Kopf geschrieben haben. Also können Männer das auch ganz gefahrlos mit diesem Buch tun. Ich habe das Gefühl, mich jetzt ganz gut eingegroovt zu haben und glaube, es wird ziemlich witzig und interessant. Bleiben Sie also einfach noch ein wenig dabei, egal ob Sie finden, Sie sind eine Frau oder ein Mann oder irgendetwas dazwischen. Egal ob Sie diese Zeitschriften ärgern, gut unterhalten oder Ihnen kaum etwas egaler sein könnte. Als Nächstes erfahren wir nämlich, wer die Cellulite erfunden hat und warum Problemzonen es gern gesellig mögen. Die Chancen stehen nicht schlecht, dass Sie mit diesen Antworten einmal ganz groß bei »Wer wird Millionär« abräumen.

JAGE DEN SCHÖNHEITSDRACHEN,
SEI EIN EINHORN

Schöne Achseln oder: Am liebsten sind mir die Problemzonen, die ich noch gar nicht kenne

Schlagen wir eine beliebige Frauenzeitschrift auf und bilden uns ein wenig. Es gibt feines, plattes oder stumpfes Haar. Zusätzlich zu kraftlos-geschwächtem Haar, welches nach sofortiger Rettung verlangt. Ich sehe es bildlich vor mir: mein Haar, geschwächt am Boden. Es atmet nur noch ganz flach. Ich habe es mit dem falschen Shampoo in seinen sicheren Untergang getrieben. Den kann ich nur noch mit einem »revitalisierenden Spray« aufhalten, das »unmittelbare Griffigkeit« verleiht. Nun bin ich der Meinung, Griffigkeit ist seit Rapunzels Zeiten bei Haaren nicht mehr unbedingt vonnöten. Weil der Traumprinz auch einfach klingeln kann. Aber für fünfzehn Euro darf das Spray von mir aus natürlich gern einen Zusatznutzen aufweisen. Und um nie wieder so viel Geld ausgeben zu müssen, kehre ich, wenn wieder alles tippitoppi ist mit meinen Haaren, selbstverständlich nicht zu meinem alten Shampoo zurück, sondern benutze von nun an ausschließlich die Pflegeserie »für repariertes Haar«.

Ich nenne es liebevoll das Problemzonencasting. Die Schönheitsbranche ist einer der konkurrenzreichsten und profitabelsten Wirtschaftszweige weltweit. Der Herstellungspreis ihrer Produkte macht oft nur einen Bruchteil des Verkaufspreises aus. Die zusätzlichen Euro zahlen wir für zwei Versprechen: Wir kaufen nicht nur Haarpflege, Mascara oder Parfüm. Wir kaufen auch Luxus und Einzigartigkeit. Eine Idee, die übrigens in Deutschland getestet wurde. Als sich L'Oréal in den 60er-Jahren als erste Kosmetikfirma entschied, ihr neues Haarspray einfach zum doppelten Preis wie das Konkurrenzprodukt zu verkaufen. Einfach so, in der Hoffnung, dass es ihm Exklusivität verleihen würde. Eine damals sehr ungewöhnliche Taktik im Beautybereich, die kritisch beäugt wurde und komplett aufging.[3] Noch heute kaufen wir bei Schönheitsprodukten das Versprechen auf etwas Besonderes mit.

Und wir kaufen die Lösung eines Problems. Aber in einer Branche, in der sich ständig neue Produkte behaupten müssen, ist es klug, sich auch ein wenig den eigenen Bedarf zu schaffen und nicht nur die Probleme zu lösen, die es bereits gibt. Genau hier kommt das Problemzonencasting ins Spiel. Das geht so: Bei der Produktentwicklung und den anschließenden Marketingsitzungen dreht und wendet man eine handelsübliche Frau und schaut prüfend nach, was man schlechtreden könnte. Um es dann, mithilfe des neuen Produktes, wieder ein bisschen zu verbessern. Denn in vielen Fällen ist der Frau ihr Problem noch gar nicht bewusst, wenn die neue Ware den Markt erreicht. Deshalb muss man ihr den frisch entdeckten Makel zunächst genau erklären. Dabei helfen unsere Magazine und Zeitschriften gern mit. Sie leben nämlich nicht nur vom Verkaufspreis, sondern auch von ihren Werbeeinnahmen. Dieses Geschäftsmodell ist so einfach wie genial. Man befeuert die Unsicherheiten von Frauen, um ihnen die Lösung für das eingeredete Defizit gleich mitzuverkaufen. Babys kommen nicht auf die Welt und suchen argwöhnisch ihre Oberschenkel nach Dellen ab. Und genau mit diesen Dellen, auch bekannt als Cellulite, fing alles an.

Die Erfindung der Cellulite

Die Cellulite ist das Urpferdchen bei der Erfindung von Problemzonen. Was wir Cellulite nennen, ist eine normale Reaktion der weiblichen Haut. Sie beruht auf dem Zusammenspiel der Hormone Östrogen und Progesteron. Die Bezeichnung existiert seit den 20er-Jahren, und sie beschreibt etwas Charakteristisches am weiblichen Körper, wie Brüste oder die Menstruation. Je nach Studie haben zwischen 85 und 98 Prozent aller Frauen Cellulite. Diese hohen Zahlen zitieren auch Frauenzeitschriften gern. Aber nicht, um Normalität zu unterstreichen, sondern um uns zu sagen: »Du bist nicht allein mit deinem Problem.«

98 Prozent. Das ist ungefähr die gleiche Anzahl an Frauen, die voll entwickelte Brüste haben. Wir könnten uns also genauso gut dafür entscheiden, gegen unser Brustwachstum zu cremen. Es hätte den gleichen Effekt (so gut wie keinen) und die gleiche Gewinnspanne für die Unternehmen (eine ziemlich große).

Wer genau den Startschuss zum Vormarsch der Cellulite in die besorgten Köpfe von Frauen gab, ist nicht ganz klar. Aber 1968 veröffentlichte die *Vogue* einen großen Artikel, der Cellulite erstmals als kosmetisches Problem beschrieb.[4] Die *Vogue* hatte gemeinsam mit anderen Modemagazinen bereits seit den frühen 60er-Jahren begonnen, sich etwas mehr um den Körper in der Kleidung zu kümmern. Man könnte überlegen, ob diese Entwicklung etwas mit den zeitgleich ansteigenden Werbebudgets für Beautyprodukte zu tun hatte. Also mit viel verfügbarem Geld für die Bewerbung genau der Produkte, die dann zum perfekten *Vogue*-Körper verhelfen sollten. Aber das wäre vermutlich eine gemeine Unterstellung. Sicher wollte man bei der *Vogue* nur noch besser auf die Bedürfnisse der Leserinnen eingehen und sie einfach umfassend über ihre ganzen Defizite informieren. Nach der *Vogue* folgten auf jeden Fall noch viele, viele andere mit ihren Texten dem Pfad der Orangenhaut. Einige Jahre schrieben Autoren und Autorinnen in dermatologischen Fachzeitschriften noch gegen die »erfundene Krankheit« an und beschrieben fleißig die »anatomische Basis und hormonelle Verfasstheit dieses bei Frauen normalen Hautbildes«.[5] Übersetzt also: »Das ist doch völlig normal bei Frauen!« Aber der Siegeszug der Cellulite und ihrer Gegenmittel war nicht aufzuhalten.

Fast fünfzig Jahre später verkündet die Frauenzeitschrift meines Vertrauens munter weiter: »Da wabbelt nichts! Bis zu 98 Prozent aller Frauen über 20 Jahre haben die lästigen Dellen an Oberschenkel und Po. Gut, dass man etwas dagegen tun kann.« Wer die eigene Cellulite nicht auf den ersten Blick erkennt, der wird geraten, »die Haut zwischen den Oberschenkeln zusammenzuschieben, bis die Dellen sichtbar werden«. Und schon heißt es: »Willkommen im Club!« Die Tipps gegen Cellulite sind vielfältig. Man kann sich in Zellophanfolie einpacken, die Fettzellen mit Stromstößen erschrecken oder Kaffeesatz einmassieren. Nichts hilft natürlich so gut wie die neue Creme, die im Artikel empfohlen wird. Und über das Heft verteilt finden sich, wer hätte das gedacht, drei weitere Werbeanzeigen zum Thema. Nun habe ich als Leserin die Qual der Wahl. Für zwanzig bis vierzig Euro kann ich mich mit 200-ml-Cremes eindecken, die mich entschlacken, meine Konturen verbessern und mir helfen, den Teufelskreis der Cellulite zu durchbrechen. Da läuft es mir schon kalt den Rücken runter. Gut, dass Rettung nicht weit ist. Geheime Pflanzenextrakte und vier (!) Patentanmeldungen auf nur eine Creme können nicht irren. Was Dermatologen noch vor einigen Jahrzehnten als unwissenschaftlich oder zumindest unnütz brandmarken wollten, wird also nun mit Pseudowissenschaft beworben. Mein persönlicher Lieblingstipp stammt aber nicht aus dem Artikel, sondern von einer Webseite. Hier wird mir geraten, »mich einfach nicht stressen zu lassen. Dann bleiben die Hormone in Balance.«[6] Ähm, ja.

Von Winkefett über Frizz im Haar bis zu schönen Achseln – eines habe ich beim Lesen von Frauenzeitschriften gelernt: Problemzonen mögen es gesellig, sie sind nicht gern allein. Und treten deshalb meist in Gruppen auf. So setzen sie sich auch besser im Kopf fest. Haben wir vor 2014 und der lang ersehnten Verkündung des Geheimnisses schöner Achseln auch überlegt, ob unsere Achselhöhlen schön sind? Bevor sich diverse Zeitschriften (»Beauty-Tricks: Achseln richtig rasieren, so geht's«, »Hilfe, ich will schöne Achseln«

oder »Schöne Achseln wie bei Models«) zeitgleich mit Erscheinen des neuen Deodorants dem gleichen Thema widmeten? Schönheit ist ein Geschäft. Und Frauen sind mittendrin. Geoffrey Jones beschreibt es in seiner Geschichte der Schönheitsindustrie. Natürlich gibt es nationale Vorlieben. Deutsche kaufen lieber Parfüm als Französinnen, die eher in Hautpflege investieren, während bei US-Amerikanerinnen Kosmetika ganz oben auf der Liste stehen. Aber angesichts einer weltweiten Industrie mit Käuferinnen, die über Ländergrenzen hinweg fast die gleichen Bilder gezeigt bekommen, hat sich auch unsere Vorstellung von Schönheit angeglichen: Sie ist westlich, weiß und weiblich. Frauen sind auch in Deutschland, dem weltweit fünftgrößten Markt für Schönheitsprodukte mit einem Umsatz von 15,8 Milliarden im Jahr 2010, die Hauptzielgruppe.[7]

Kauf dich schön

Wer Frauenzeitschriften kennt, der weiß, Werbung gehört dazu. Und damit meine ich nicht nur die Zeitschriften, bei denen man sich durch zwanzig Seiten »Produktinformationen« arbeiten muss, bevor man das Inhaltsverzeichnis erreicht. Anzeigen funktionieren in Frauenzeitschriften besonders gut, weil sie sich so harmonisch in das Heft einfügen – so formuliert es die Werbebranche gern. Das heißt, Werbung und der redaktionelle Teil, also die Artikel und Bilder, die die Redaktion produziert, sehen sich sehr ähnlich. Ihre Themen und ihr Aussehen gleichen sich. Wer ist nicht schon einmal bei einem »Artikel« hängen geblieben, hat dann in der Mitte beim Lesen gestutzt, um schließlich das kleine Wort »Anzeige« oben rechts zu entdecken?

Für viele Leserinnen von *Vogue* oder *Elle* gehört Hochglanzwerbung sogar zum Leseerlebnis dazu. Werbung von Gucci, Prada und Miu Miu wird in Frauenzeitschriften fast genauso lange angeschaut wie die Artikel.[8] Da jubeln nicht nur die Firmen, sondern auch die Chefredakteurinnen. Und wer kann es der Werbebranche verdenken, genau dorthin zu gehen, wo die potenziellen Kundinnen sind? Frauen treffen beinahe 80 Prozent aller Konsumentscheidungen. Zwar nicht die mit den wirklich großen Einzelsummen, aber wir wollen ja nicht meckern. Fast ausschließlich allein entscheiden Frauen, was im Bereich Mode und Drogerie gekauft wird. Bei Geldanlage, Elektronik oder Auto (den großen Fischen) sind die Männer vorne. Anschaffungen, die den Haushalt betreffen, entscheidet man eher gemeinsam.[9]

Es ist also an sich nichts Schlimmes dabei, dass Frauenzeitschriften von Werbung für Beauty und Mode leben. Das ist eben ihr Geschäft. Wenn da nicht das Problemzonencasting wäre. Denn es ist nicht nur eine einträgliche, sondern für die Leserinnen oft auch tückische Beziehung zwischen Werbe- und Zeitschriftenindustrie. Wie viel verkauft wird, hängt eben auch davon ab, wie viele Problemzonen und Verbesserungsmöglichkeiten uns eingeredet werden können. Und von diesen erfahren wir nicht nur in den Anzeigen, sondern auch in den Artikeln. Frauenzeitschriften enthalten prozentual gesehen nur geringfügig mehr Anzeigen als vergleichbare Publikumszeitschriften wie der *Stern*. Und doch haben wir beim Lesen den Eindruck, dass man uns eine ganze Menge verkaufen möchte. Schauen wir uns doch eine Ausgabe einer beliebigen Frauenzeitschrift genauer an und überlegen, woran das liegen könnte.

- Wie nett, auf Seite 13 hat die Redaktion die »Must-haves« im Oktober für mich herausgesucht, darunter ein Duftklassiker. Die Werbeanzeige dazu ist auf Seite 15.
- Im Artikel »Ganz schön smart« zehn Seiten weiter geht es um Uhren. Ein Designer hat ein ganz tolles Modell entworfen, bei dem »Technologie und Style endlich vereinbar sind«. Was für ein Zufall, eine Seite weiter hat genau dieser Designer eine Anzeige geschaltet.
- Die Umhängetasche auf dem Foto zum Portrait der deutschen

Bloggerin ist wirklich schick. Drei Seiten weiter dann das Déjà-vu in der Anzeige: Die Tasche kenne ich doch!

- »Was gehört eigentlich in die Handtasche einer Frau?«, ist in einem anderen Artikel zu lesen. Kugelschreiber auf jeden Fall nicht, mahnt der Text, die haben zu wenig Klasse. Aber ein »Füllfederhalter beweist Stil, wenn schnell eine Telefonnummer notiert werden muss.« Gut zu wissen, vielleicht kaufe ich einfach gleich den aus der Werbung eine Seite weiter.
- Für die neuesten Flechtmodetrends im Haarbereich brauche ich »richtig gesunde Haare«. Vielleicht ist die Pflegeserie auf der Seite nebenan, die mit dem gleichen Versprechen wirbt, die Lösung?
- Und wenn ich plötzlich schlechte Haut bekomme, rät die Beauty-Ecke, könnte es daran liegen, dass ich meinen Kissenbezug nicht häufig genug wechsle. Aber die neue fünfstufige Cleansing-Routine aus Japan hilft auch auf jeden Fall. Werbung dafür gibt es zwei Seiten weiter.

Gloria Steinem machte ihrem Ärger bereits 1990 im von ihr gegründeten *Ms. Magazine* Luft, einer US-amerikanischen Frauenzeitschrift mit feministischem Anspruch. Die Verbindung zwischen Werbung und redaktionellen Inhalten sei bei Frauenzeitschriften viel zu eng. Nicht selten würden Werbepartner versuchen, Wort für Wort vorzugeben, worum es in den Artikeln gehen soll. Oder man fragt gleich nach einem Werbepaket aus Anzeige und einem Artikel, der aussieht, als wäre er unabhängig von der Anzeige entstanden. (»Lass uns doch über Füllfederhalter in Damenhandtaschen schreiben, nur so eine Idee.«) Ganz zu schweigen davon, dass es für ein Magazin mit einem positiven Frauenbild, ohne die ständigen Fragezeichen und Defizite, sowieso kaum möglich wäre, Werbeanzeigen zu bekommen. So standen beim *Ms. Magazine* die mangelnden Finanzen und die Überzeugung der Herausgeberin immer gegeneinander. Andere Magazine hatten weniger hohe Ansprüche. Bei ihnen fand Steinem die Artikel und Kooperationen, die sie selbst abgelehnt hatte. Diese Magazine fühlten sich offensichtlich ganz wohl damit, »Frauen einfach nur zu besseren und willigeren Käuferinnen zu machen«, wie Steinem resigniert feststellte.[10]

Problemzonen und die dazugehörigen Produkte durchziehen also unsere Lieblingslektüre. Und wer ein Problem hat, sollte etwas dagegen unternehmen. Deshalb sind Veränderungsvorschläge und Verbesserungsideen Teil der DNA von Frauenzeitschriften. Am liebsten erfinden sie unseren Körper neu. Auf 78 Prozent ihrer Titelblätter findet sich mindestens eine Schlagzeile, die zu Veränderungen an unserem Körper aufruft, mithilfe von Diäten, Beautyprodukten, Sport oder kosmetischen Eingriffen. Innen begegnen uns dann zehnmal mehr Anzeigen und Artikel zum Gewichtsverlust als in Zeitschriften, die sich ausschließlich an Männer richten. In einer Studie wurden die Titelbilder US-amerikanischer Frauenmagazine der letzten vierzig Jahre ausgewertet, mit dem Ergebnis, dass der schlanke Körper immer mehr in den Mittelpunkt rückte. Die Models wurden immer dünner, und man sah mit den Jahren viel mehr Ganzkörperaufnahmen von ihnen und nicht mehr nur ein lachendes Gesicht.[11] Die Suche nach immer neuen Problemzonen hatte sich auf den gesamten Körper ausgeweitet. Werbestrategen gehen davon aus, dass Frauen, die sich unsicher mit ihrer Optik fühlen, viel wahrscheinlicher zu Käuferinnen werden. Wenn man das bedenkt, macht sich ein flaues Gefühl in der Magengegend breit. Da bekommen die fröhlichen »Wir schaffen das«-Schlagzeilen (»Guten Morgen, flacher Bauch«, »DER Detox-Guide – macht schlank, tolle Haut und gute Laune« oder »Endlich Fit for Fashion – Wie Sie auf der Straße eine gute Figur machen«) einen ziemlich faden Beigeschmack.

Vielleicht würden nun einige einwenden, dass Werbung eben überall ist. Und die Versprechen der Werbung für Schönheitsprodukte sowieso mit Vorsicht zu genießen sind. Dass jede Frau, die sie sieht, weiß, dass sie nicht ernst gemeint sind. Kein Shampoo wird uns doppeltes Volumen verleihen wie in der Animation im Werbespot, und unsere Haut wird sich nicht magisch glätten wie gebügelt, wenn wir eine bestimmte Creme kaufen.

Dass wir uns an übertriebene Botschaften gewöhnt haben, stellt auch der Deutsche Werberat fest. Dort gingen in den ersten Jahren noch viele Beschwerden mit dem Vorwurf der Irreführung ein. Heute findet man diese kaum noch. Spektakuläre Rügen wie in Großbritannien gab es in Deutschland nicht. Dort musste der Kosmetikhersteller Rimmel 2007 seine Kampagne mit Kate Moss einstampfen. Die Firma hatte mit ihrer Mascara einen Augenaufschlag versprochen, der sogar den Verkehr zum Erliegen bringt, inklusive ganzen 70 Prozent mehr Wimpern.[12]

Aber ganz egal, ob wir glauben, die Mechanismen zu durchschauen, Werbung wirkt auch im Unterbewussten. Wenn wir sehen, dass ein Rasierer die Beine unglaublich glatt macht und das neue Serum noch besser gegen Falten wirkt, speichern wir auch ab, dass wir uns mal wieder rasieren sollten und dass Falten doch nicht ganz so o. k. sind, wie wir gedacht haben. Wir übernehmen die Standards der Werbung. Bei einer Studie sollten Teilnehmerinnen eine Gedächtnisaufgabe lösen. Nebenbei ließ man Werbung laufen. Am Ende der Studie konnten die Teilnehmerinnen sich ein Produkt als Dankeschön aussuchen. Und entschieden sich überproportional häufig für genau das Produkt, das vorher im Hintergrund beworben wurde. Auf die Frage nach dem »Warum?« nannten sie die gleichen Vorzüge, die sie vorher in der Werbung gehört hatten, aber als ihre eigenen Vorlieben. Sie wollten lieber diesen einen Schokoriegel, weil das Karamell darin leckerer schmeckte oder weil er besonders viele Nüsse enthielt.

Auch bei der Art der Werbung gibt es Unterschiede. Männer fühlen sich eher von Werbung angesprochen, in denen der Mann, häufig allein, etwas tut. Er lenkt dann einen Offroader durch die Prärie oder springt von einem Wasserfall aus in die Tiefe. Was man eben so macht, wenn man männlich, abenteuerlustig und sich selbst genug ist. Frauen werden eher von emotionaler Werbung angesprochen, die soziale Situationen zeigt. Die Familie, die sich um den Kaffeetisch versammelt. Oder die Freundinnen, die die Farben ihrer Pullis nach der Wäsche vergleichen, die Qualität des Espresso bewerten oder ihre glatten Beine zeigen. Werbung für Frauen beinhaltet häufig Vergleichssituationen.[13] Wir sind auch hier auf der Suche nach unseren Problemzonen. Und weil uns diese Suche mittlerweile so normal vorkommt, finden wir diese Werbung sogar passender für uns, wenn man uns nach unseren Vorlieben fragt. Eine selbsterfüllende Prophezeiung. Während Männern in der Werbung das Ego gestärkt wird, werden Frauen dazu angeregt, sich kritisch zu hinterfragen.

Ob unser Körperbild und Selbstwertgefühl direkt mit diesen Werbebotschaften zusammenhängt, ist umstritten. Es ist wahrscheinlich etwas komplizierter, als »Wir lesen oder sehen etwas und fühlen uns danach automatisch so«. Aber es ist eigentlich auch egal, ob sich jemals wasserdicht nachweisen lässt, dass uns eine Anzeige unmittelbar beeinflusst. Eines kann man auf jeden Fall sagen. Wenn Unternehmen nicht annehmen würden, dass das, was wir hören, sehen oder lesen unser Verhalten mitbestimmt, dann wäre es schon ein wenig komisch, dass sie Millionen von Euro für eben diese Werbung ausgeben. Um uns dazu zu bringen, uns in einer bestimmten Art zu verhalten, nämlich ihr Produkt zu kaufen.

Und Produkte im Beautybereich kaufen wir mit einer besonderen Motivation. Die Journalistin Alexandra Spunt nennt es den »Schönheitsdrachen jagen«.[14] Dahinter steht eine bestimmte Idee von Schönheit. Die Idee, dass Schönheit aus der Tube kommt. Dass man nicht einfach von Geburt an schön ist oder eben nicht, sondern dass wir aktiv beeinflussen können, wie attraktiv wir sind. Weil sich Schönheit in Tiegeln und Flakons versteckt. Oder in der Creme, die gerade beworben wird. Und was haben wir für ein Glück, dass ein paar Seiten weiter auf der Anzeige eine Probe davon klebt. Von genau dem Produkt, dessen positive Effekte sich gerade mit blumigen Worten in unserem Kopf festgesetzt haben. Leider stand im Artikel auch, dass wir erst nach etwa vier Wochen die ersten Ergebnisse sehen werden. Also wird die Probe wohl nicht reichen, und wir müssen in die größere Abpackung für vierzig Euro investieren. Die, die komischerweise genau vier Wochen lang reicht. Verrückte Zufälle gibt es.

Wie im Märchen wiederholt sich beim Jagen des Schönheitsdrachen eine bekannte Geschichte. Es ist die nicht enden wollende Suche nach dem richtigen Produkt, dem ultimativen Look und dem passenden kleinen Hilfsmittel. Eines, das die Augen größer, die Lippen voller und die Beine länger glatt macht. Der Schönheitsdrachen scheint manchmal übermächtig. Aber vor allem ist er ein Fabelwesen. Er ist nicht real. Wir werden ihn vermutlich nie finden. Aber das magische Versprechen seiner Existenz begleitet unseren Alltag. Was uns zu der Frage bringt:

Warum wollen wir eigentlich alle schön sein?

»Und das Äußere zählt doch! So wichtig ist die Optik bei der Partnerwahl« ist nur eine der Überschriften. Gern wird von Höhlenmenschen erzählt, die, statt sich gegen Säbelzahntiger zu verteidigen, Kohlestückchen aus dem Feuer fischten, um sich die Augen anzumalen. Die Geschichte geht dann so: Der Mensch mag eben schöne Dinge. Deshalb wäre er selbst gern schön. Cleopatra, die alten Griechen oder dieser Film, in dem Brad Pitt jahrelang auf einem Feld vor Troja herumlungert. Wegen der schönsten Frau der Welt! Dieser Film, den es eigentlich nicht gebraucht hätte. Weil wir wissen, was uns schon die griechische Sage der Vorlage erklären wollte: Schönheit ist so mächtig, sie kann sogar Kriege auslösen.

Heute, da Männer sich nur noch selten im Schwertkampf messen, lernen wir immer noch jeden Tag, dass Schönheit handfeste

Vorteile hat. Schöne Menschen sind erfolgreicher, werden häufiger zu Vorstellungsgesprächen eingeladen, an Supermarktkassen vorgelassen und bekommen ihren Traumpartner frei Haus geliefert. Das wollen wir auch.

In meiner Pubertät gab es den Bleistifttest. Wenn ein Bleistift unter der Brust hängen blieb, war es Zeit, einen BH zu kaufen. Begierig verbrauchten meine Freundinnen und ich einige Bleistifte auf dem Weg zur ersten Unterwäsche. Auch als das ersehnte Kleidungsstück in meinen Schrank eingezogen war, schob ich noch manchmal einen Stift unter die Brust. Und freute mich über das, was dort wuchs. Bis zu einem verhängnisvollen Sonntagmorgen, an dem ich als Übernachtungsgast einer neuen Freundin aufwachte und diese den Bleistifttest vorschlug. Mit stolzgeschwellter Brust klemmte ich den Stift unter mein Fettgewebe. Nur um herauszufinden, dass dieser Bleistifttest anders ablaufen würde. Mit triumphierendem Gesicht schaute mich die neue Freundin an, als ihr Stift zu Boden fiel und meiner hängen blieb, denn: »Wenn der Stift festsitzt, hast du Hängebrüste.« Die Popularität des Bleistifttests mag inzwischen abgenommen haben. Dafür schauen wir heute kritisch auf unseren Hüftumfang, Body Mass Index (BMI) oder verstohlen nach, ob unsere Oberschenkel sich auch nicht berühren (Fachsprache: Thigh Gap). Und kennen Sie eigentlich ihren THV, das Taille-Hüft-Verhältnis, dessen magischer Wert bei 0,7 liegen sollte? Dieser ideale Wert steht für die beliebte Sanduhrfigur. Für Fruchtbarkeit! Für freie Auswahl bei den Männchen!

Auf diese Ideen kommen wir selten allein. Oft hat sie jemand für uns aufgeschrieben. Der Bleistifttest fand über die *Bravo Girl* den Weg in mein Jugendzimmer. Vermutlich flankiert von einem Artikel zum BH-Kauf. Auch wenn wir alle individuell sein wollen und Schönheit angeblich im Auge des Betrachters liegt, wollen wir doch wissen, ob wir dazugehören. Wir hätten gern etwas Messbares. Eine Liste, eine klare Antwort auf die Frage: »Bin ich schön?« Doppelt so viele Menschen wie noch 2004 fragen Google heute: »Bin ich schön?«, oder: »Bin ich hässlich?«[15] Und Wissenschaftler scheinen genauso fasziniert von dem Mysterium Schönheit zu sein wie wir alle. Wer das Unerklärliche ins Erklärliche wenden will, findet eben im Mystischen der Schönheit ein perfektes Forschungsfeld.

Nicht selten will man uns glauben lassen, dass Schönheit objektiv ist. Dass wir es mit jahrtausendealten Standards zu tun haben, die tief in unserer Biologie verankert sind. Tatsächlich kennt die Wissenschaft aber einen Fakt, der in Artikeln zu ihren Ergebnissen (»Große Augen sind es. Oder doch symmetrische Gesichter? Nein, lange Beine.«) nur selten auftaucht. Ihre Ergebnisse sind selten absolut, sie sind immer bedingt durch etwas. Bedingt durch die Daten, aus denen sie gewonnen werden, bedingt durch den Rahmen, in dem man sie interpretiert. Schönheit kann immer nur ein Konzept, eine Idee sein und kein Fakt. Es ist keine abhakbare Liste, an dessen Ende die Gewissheit steht, dass wir bestanden haben.

Außerdem sind einige gern zitierte wissenschaftliche Erkenntnisse nicht ganz so wasserdicht, wie wir annehmen. Wer viel Sport treibt, kommt mit seinem BMI gern in Richtung Übergewicht, weil Muskeln mehr wiegen als Fett. Jahrelang zeigte man Studienteilnehmern am Computer erstellte hochsymmetrische Gesichter, die die Befragten sehr attraktiv fanden. Als man die Bilder nicht mehr künstlich erstellte, sondern solche von echten Menschen übereinanderlegte, war es nicht mehr die höchste Symmetrie, sondern ein gewisser Durchschnitt, der am Attraktivsten empfunden wurde.[16] Wiederholte man den Versuch mit Gesichtern, an denen ein wirklicher Mensch hing, der der Versuchsperson gegenüberstand, kam noch Überraschenderes zutage. Ein vorher als attraktiv bewertetes Gesicht half nicht mehr viel, wenn der Mensch als Ganzes dem Teilnehmer der Studie nicht zusagte. Und für die Aussagen zum Taille-Hüfte-Verhältnis, dem THV, hatte man Bilder von *Playboy*-

Models und Miss-America-Teilnehmerinnen aus mehreren Jahrzehnten ausgewertet. Nur eben auch ein paar Daten vergessen, sich ein bisschen vermessen und hier und da falsch gerundet.[17] Marilyn Monroe mag immer noch für viele ein Sexsymbol sein. Die eigene Sanduhrfigur zu vermessen, wird aber nicht erklären, warum man am Samstagabend allein auf der Couch sitzt oder der Mittelpunkt jeder Party ist. Ganz egal, was die *Cosmopolitan* sagt.

Ein wenig Skepsis ist also angebracht. Insbesondere, wenn uns jemand mit Wissenschaft und Evolution kommt. Manche Bausteine der Schönheitsidee sind brüchig. Und sie sind oft nicht so alt, naturgegeben oder unverrückbar, wie man uns glauben lassen will. Nicht nur deshalb sollten wir es nicht allein den Medien überlassen, uns zu erklären, was schön ist und was nicht. Und selbst wenn man nach all diesen Kriterien schön wäre – was Schönheit allein nie bedeutet, ist Glück und Zufriedenheit. Egal, wie oft wir lesen, dass es attraktive Menschen leichter haben. Über 300 Seiten lang versucht uns das Buch *Nur die Schönsten überleben* davon zu überzeugen, dass Schönheit ausschließlich mit Überlebens- und Anpassungsprozessen zu tun hat (Charles Darwin grüßt aus der Ferne). Um mit der Erkenntnis zu enden, dass sie trotzdem nicht zufriedener macht. Zufriedenheit entsteht aus Optimismus, einem guten Selbstwertgefühl und einer hohen Bereitschaft, sich an andere zu binden.[18] Die Größe und Position von Augen, Nase und Mund im Gesicht sind eher nebensächlich.

Aber zurück zum Bleistifttest. Warum gefiel mir die erste Variante so sehr, dass ich sie gern wiederholte, während die zweite mich enttäuscht zurückließ? Weil es bei der Vermessung von Schönheitskriterien immer Menschen gibt, die ihnen entsprechen und solche, die es nicht tun. Wir würden alle lieber in die erste Gruppe gehören, sind aber meistens in der zweiten. Und die Schönheitsbranche hat sich als unsere Geheimwaffe positioniert. Sie ist für die Frauen da, die noch keine hundert Punkte bekommen, also eigentlich für alle. Ihr Versprechen geht so: Egal, ob Schönheit naturgegeben ist oder nicht, egal, wo wir beim Rennen um die Attraktivität gestartet sind, die Beautybranche kennt, unsere Möglichkeit, trotzdem ein wenig schöner zu werden. Aber es liegt an uns, ob wir sie wahrnehmen. Dieses selbstbestimmte »Das kannst du auch« passt gut in unsere Zeit. Wir nehmen die Dinge einfach selbst in die Hand. Schön zu sein ist dann aber auch ein bisschen Selbstverpflichtung. Denn die eigene Attraktivität ist nichts, was man naturgegeben hat oder nicht, sie ist durch uns kontrollierbar. Jede kann sie theoretisch erreichen, indem sie sich Stück für Stück verbessert, von der glatten Haut über die perfekten Augenbrauen bis zum konturierten Gesicht. So werden wir nicht nur selbst zur Schmiedin unseres Schönheitsglücks. Schönheit wird auch zu einer notwendigen Anstrengung und Mühe. Zu einem Projekt, an dem wir auch scheitern können. Der Misserfolg würde dann an uns liegen. Aber eigentlich, so raunt es im Blätterdschungel, ist es gar nicht so schwer. Wir müssen uns nur ein bisschen anstrengen.

Sexy! Schön! Erfolgreich!

1994 verkündete Wella in einem Werbespot: »Die Figur hat sie wahrscheinlich von der Mutter, die Augen vom Vater, aber die Locken von Wella Design.« Da war es wieder, das Versprechen. Manche Dinge macht die Natur. Aber wir können auch etwas tun. Zwischen 3000 und 5000 Werbebotschaften begegnen uns täglich. Viele beschäftigen sich mit unserem Äußeren. Täglich begegnet uns so eine nicht gerade kleine Anzahl an retuschierten und gut ausgeleuchteten anderen Frauen. Es ist nicht nur die Kollegin auf dem Bürostuhl neben uns, die zum Vergleich einlädt. Es ist auch die Achtzehnjährige, die unsere Anti-Aging-Creme bewirbt.

Die Titelseiten von Frauenzeitschriften versprechen nichts weniger als Superlative. Wir können »Superwach, Superfit, Superkreativ« sein, oder lieber »Sexy! Schön! Erfolgreich!« Unsere Lust kann »pur« und »atemlos« sein, und ab und an können wir vom »Elixier der Leidenschaft« kosten. Mag sein, dass man in Studien zur Symmetrie von Gesichtern nach Attraktivität bewertet wird. Leserinnen von Frauenzeitschriften sind nicht einfach nur attraktiv. Sie sehen »fantastisch« aus, sind »heiß« und »sexy«, aber mindestens »atemberaubend«. Im Gegensatz zu diesen Bomben an zukünftigem wunderbaren Leben klingt die Beschreibung des Status quo ein wenig – nun, sagen wir mal – weniger blumig. Da »vermiesen uns große Poren mal wieder den Tag«, während die Haare schlaff und die Augenringe tief sind. Sodass uns nur noch eine letzte Abschiedsformel bleibt: »Tschüss straffer Busen, hallo Hängepartie.« Gut, dass es immer ein Mittel gibt, welches »zuverlässig Hautmakel repariert«. Wie bei einem alten Auto. Und wenn die eigenen Makel nicht gleich ins Auge springen, ist Hilfe nicht weit. Wir, die Frauenzeitschriften, »spielen für dich den Übersetzer und verraten dir, was dir deine Haut mit ihren verschiedenen Problemen eigentlich sagen will.« Keine Angst, was passiert ist »ganz einfach der Lauf der Zeit, und man sollte seinen Körper so lieben wie er ist.« – »Andererseits«, so geht es weiter, »muss man sich ja auch nicht komplett seinem Schicksal ergeben.«[19]

Eben. Also heraus aus dem Jammertal. Zu unserem Glück läuft unsere Lieblingslektüre genau hier zur Hochform auf. Punkt Nummer eins: Wir sind nicht allein, sondern immer Teil einer Gemeinschaft. Nicht umsonst tragen Frauenzeitschriften gern die Namen von Frauen, wir erinnern uns an das Freundschaftsangebot. Gemeinsam schaffen wir das. »Schimmer-Schöne-Haut – Wir packen es an.« Ständig wird dieses kollektive »wir« beschworen. Dieses »Wir« hilft uns nach Kräften und gibt deshalb gern, das wäre Punkt Nummer zwei, die Erklärbärin. Nicht nur, damit wir unser Problem und dessen Schwere auch wirklich richtig verstehen. Nein, auch der Weg zum Ziel wird uns genau erläutert mithilfe der liebsten Artikelkategorie seit Anbeginn der Frauenmedien, der Anleitung oder – in der cooleren Version in der englischen Übersetzung – dem Guide. Es gibt Guides für schöne Lippen, den besten Sex oder den perfekten Smoothie. Sie können dogmatisch daherkommen (»Die 10 Pflegegebote für Traumhaare«) oder locker-flockig (»Wie Sie diesen Sommer unvergesslich machen – So ziehen Sie Männer an – So wird Ihre Haut saisonfit – So schmeckt Ihnen Gemüse«). Guides decken alle wichtigen Lebensbereiche ab (»Im Bett, im Bad, in der Beziehung – So schaffen Sie alles [inklusive Flirtgeheimnisse einer Nymphomanin]«) und kosten immer weniger Zeit. Das wäre dann Punkt Nummer drei. Vom Fünzehn-Minuten-Sportprogramm haben wir uns über den Fünf-Minuten-Sport-Quickie inzwischen zum Drei-Minuten-Workout vorgearbeitet. Wer die nicht aufbringen kann und jetzt nicht endlich mitmacht, hat nun wirklich keine Ausrede mehr! Man muss es eben nur wollen. Je schöner allerdings alles für uns aufbereitet wird und je weniger Zeit es angeblich kostet, desto beschäftigter scheinen wir zu sein. Desto größer wird das schlechte Gewissen, wenn wir nichts tun. Wie praktisch, brauchen wir doch so nur noch mehr Hilfe und noch ein bisschen mehr Papier.

Und nebenbei sollen wir uns dann in all unserer Unperfektheit noch ganz selbstverständlich selbst mögen und starke Frauen sein. Frauenzeitschriften lieben widersprüchliche Aussagen: »Nimm dir ruhig noch ein Stück Torte, du kannst ja morgen etwas länger laufen gehen.« Oder: »Er liebt dich am meisten, wenn du ganz natürlich aussiehst, aber ein bisschen Concealer hat noch keiner geschadet.« Sie machen sogar bei der vermeintlichen Entzauberung der Schönheitsbranche mit und zeigen uns unbearbeitete Titelfrauen. Um dann wieder deren natürliche Bikinifigur zu loben. Kurz: Liebe dich selbst, aber mach es bitte so. Dann klingt »Gut, Besser, Ich – Werden Sie die Frau, die Sie sein wollen« auch nicht entspannter als »Das Neueste zum Strahlen, Straffen und Kaschieren«. Bei beiden Mottos werden wir, die Leserinnen, von der Freundin in Druckerschwärze vermessen, bewertet und beratschlagt, aber immer ganz liebevoll.

Auch wenn sich Ganzheitlichkeit und Selbstliebe zwischen die Seiten verirren, eigentlich möchte man uns nicht als Ganzes, sondern nur in kleinen verbesserbaren Teilen. Mit der Selbstliebe kommt zur Arbeit am Äußeren einfach noch die am Inneren hinzu: Schön sein, sich aber bitte auch schön fühlen. Damit bestimmt unsere Attraktivität nicht nur unser Äußeres, sondern auch unsere Persönlichkeit. Wir alle wären lieber die tiefenentspannte Version von uns selbst. Nur scheinen wir uns von der immer mehr zu entfernen. Denn wir werden ständig unzufriedener.

An dieser Stelle kann man Zahlen nennen. 39 Prozent der deutschen Frauen fühlen sich nicht wohl mit ihrem Körper. 56 Prozent beklagen ihr Gewicht, jede zweite ihre Figur.[20] Die Superlative auf den Titelseiten müssen es gar nicht sein. Schon einfache positive Bezeichnungen scheinen nicht zu passen. Nur 4 Prozent der Frauen, die Dove im Rahmen des Projektes für mehr Selbstwertgefühl befragt hat, wählen aus einer Liste von Wörtern als Selbstbezeichnung das Wort »schön« aus. Und jede zweite hält sich selbst für ihre härteste Kritikerin, wenn es um ihr Äußeres geht. Während 80 Prozent der Aussage zustimmen, dass jede Frau auf ihre Art schön ist, haben sie trotzdem Probleme damit, an sich selbst etwas zu benennen, was sie nicht verbesserungswürdig finden.[21]

Diesen Zahlen kann man Glauben schenken oder nicht. Man kann aber auch einfach überlegen, ob man sich nach der Lektüre eines Artikels à la »In nur 5 Schritten zum Traumbody« schon einmal weniger wohl gefühlt hat. Wir wissen alle, was mit uns passiert, wenn wir uns nicht schön fühlen. Laufen wir gerade oder haben wir den Kopf gesenkt? Sprechen wir mit starker, klarer Stimme oder halten wir uns mit leiser Stimme schüchtern im Hintergrund? Wer unsicher mit sich und seinem Körper ist, wird in vielen Lebenssituationen Probleme haben, selbstsicher aufzutreten. 17 Prozent würden einen wichtigen Termin wie ein Vorstellungsgespräch lieber absagen, wenn sie sich an diesem Tag nicht attraktiv genug fühlen. 42 Prozent finden, dass das eigene Aussehen für den Erfolg einer beruflichen Präsentation sehr wichtig ist (gegenüber 18 Prozent der Männer).[22] Meine fünfjährige Tochter ist fasziniert von ihrem Spiegelbild. Sie bleibt stehen, sie tanzt und singt, sie beobachtet ihre Mimik und Gestik. Ab und an wirft sie sich Kusshändchen zu. Sie mag sich. Wie schade ist es, dass wir diese Unbeschwertheit uns selbst gegenüber irgendwann verlieren. Wann immer ich in den Kommentaren meines Blogs Gespräche dieser Art führe, dauert es nicht lange, bis mir eine Frage begegnet: Wenn es euch nicht guttut und so viel zu kritisieren gibt, warum lest ihr das dann?

Warum lest ihr das eigentlich?

Einem Teil der Werbung, die uns begegnet, können wir nur schwer entgehen. Aber ob wir eine Frauenzeitschrift kaufen oder eine Webseite anklicken, entscheiden wir doch selbst. Wenn uns also die unerreichbaren Ideale, die mit viel Photoshop und gutem Licht inszeniert werden, stören, dann sollten wir es nicht kaufen, vorbeigehen, oder – noch besser – einfach keine Augen haben. Diese wunderbare Logik begegnet mir immer wieder in Kommentaren und findet sich auch in anderen Bereichen. Du fühlst dich im Büro nicht ernst genommen, ab und zu wandert eine Hand auf deinen Po? Such dir doch einen anderen Job. Die Mieten in deiner Großstadt sind nicht mehr zu bezahlen? Zieh einfach aufs Land. Wieso solltest du dich über etwas beschweren, wenn du es auch einfach lassen kannst? Nun, zunächst ist Weggehen nicht so einfach, wie es scheint, die Botschaften sind nämlich so ziemlich überall. Und wenn man sagt, dass man doch wegschauen könnte, sagt man eigentlich nur eines: Deine Umwelt ist nicht das Problem, du bist es.

Denkt man diese Idee zu Ende, müssten eine Menge Menschen

Orte verlassen oder Dinge nicht mehr tun. Uns alle stört ja doch so das ein oder andere. Das würde dazu führen, dass die Orte, an denen man sich aufhalten könnte und die Dinge, die man tun könnte, immer weniger werden würden. Und es würde nichts ändern an den Auslösern unseres Unwohlseins. Das, was uns störte, würde einfach weiter da sein und sich weiter vermehren. Dann doch lieber versuchen, die Dinge zu ändern. Deshalb kritisiere ich lieber ein bisschen, statt nur zu ignorieren. Ich möchte Frauenzeitschriften nicht verteufeln, ich hätte nur gern andere Botschaften in ihnen drin.

2004 wurden Leserinnen der *Glamour* befragt, warum sie die Zeitschrift eigentlich lesen.[23] Fast alle antworteten, dass sie sich Entspannung und Unterhaltung versprechen. Soweit, so wenig überraschend. Aber Gründe für unser Handeln zu finden, ist eine der schwierigsten Aufgaben. Unsere Motive liegen nicht nur manchmal im Unterbewussten, unsere Beweggründe zu erklären hat auch oft etwas Intimes. Wenn wir gefragt werden, warum wir etwas tun, denken wir bei unserer Antwort daran, wie unser Gegenüber sie wohl findet. Wird sie es gut finden, was ich sage? Ein weiteres Motiv wurde deshalb von den Leserinnen nicht so schnell genannt wie die anderen beiden. Sie suchten auch nach einem Zugehörigkeitsgefühl, die Wissenschaftler nannten es das Motiv der Identitätsbildung. Da ist es wieder, das »wir«, auch wenn wir sicher nicht unbedingt das »wir« suchen, das die Zeitschriften uns anbieten. Aber so viele andere »wir«, aus denen wir auswählen könnten, gibt es gar nicht. Es mag uns nicht immer so vorkommen, aber unsere Welt wird in großen Teilen männlich gedacht. Das betrifft die Herstellung von künstlichen Herzen, die im weiblichen Brustkorb einfach nicht so gut passen wie bei Männern und deshalb häufiger abgestoßen werden. Oder die Gesundheitsapp, die Apple 2014 auf den Markt brachte. Sie sollte sämtliche Gesundheitsdaten bündeln: Gewicht, Essenstagebuch, Schrittzähler, Medikamente, Vorerkrankungen oder Allergien. Kaum war sie auf dem Markt, fiel allerdings ein Detail auf. Die App, die alles erfassen sollte, enthielt keinen Menstruationskalender. Eine Funktion, die die Hälfte der Weltbevölkerung nutzen würde, hatte man schlichtweg irgendwie vergessen.

Auch in den Führungsetagen der Redaktionen unserer Tages- und Wochenzeitungen gibt es mehr Männer. Seit einigen Jahren bewegt sich etwas, es gibt ein paar mehr Ressortleiterinnen und stellvertretende Chefredakteurinnen (auch wenn sich noch erstaunlich häufig ein Mann als qualifiziertester Kandidat herausstellt). Die Masse der Chefredakteurinnen findet sich bei den Frauenthemen, bei den Lifestylemagazinen und Frauenzeitschriften. Und weil ich glaube, dass dort kluge und witzige Frauen sitzen, werde ich als kluge und witzige Leserin weitermachen mit meiner Kritik. Meine Oma sagte immer: »Man kritisiert das am meisten, was einem am Herzen liegt.« Mir liegen Frauenmedien und weibliche Perspektiven am Herzen. Ich hätte sie gern viel mehr in meiner Welt, zusammen mit ihren Themen. Schönheit, Beauty und Mode interessieren mich, ich möchte davon lesen. Uns einfach keine Gedanken mehr um Frisuren, Make-up und Mode zu machen und schon leben wir glücklich bis an unser Lebensende? Ganz so einfach ist es nicht. Wir haben den Unsinn gesehen, der sich zwischen den Hochglanzseiten befindet. Aber Frauenzeitschriften sind auch fast die einzigen Medien, die Mode, Kosmetik, Schönheit, Frauenfreundschaft, Liebe und Beziehungen als gleichwertige Themen behandeln. Die Medien dürfen ihre Verantwortung nicht auf die Käuferinnen abwälzen, die schon irgendwie Selbstliebe lernen werden. Nicht jeder in uns gesetzte Selbstzweifel springt sofort ins Auge. Wenn Schönheit als eine Qualität gelobt wird, obwohl wir nicht wirklich sagen können, was sie beinhaltet, wenn Schönheit ein Projekt ist, das mühelos erscheinen soll, aber doch ständige Beschäftigung mit ihr verlangt, wenn wir daran scheitern können und das unsere Unsicherheiten nur verstärkt, dann müssen wir uns schützen und dringend entgiften.

Aber eine Welt, in der das eigene Äußere nichts bedeutet, ist nicht nur schwer vorstellbar. Sie würde uns auch um ein Stück unserer Identität bringen. Schminken, Nägel lackieren: die Beschäftigungen mit sich selbst können viel Spaß machen. Sie können ein Gefühl der Verbundenheit zwischen Frauen schaffen. Die Bloggerin Kjerstin Gruys schaute ein Jahr lang nicht in den Spiegel, weil sie wieder zu einem gesunden Selbst- und Körperbild finden wollte.[24] Und bemerkte, dass ihr etwas fehlte, ein Stück ihrer Persönlichkeit, ein Stück von ihr. Die Schönheitsbranche zu kritisieren heißt nicht, »dass wir alle zurück in die Höhle sollen, ungewaschen und voller Läuse«, wie ein besorgter Kommentator einmal auf meinem Blog schrieb. Es geht darum, dass wir beginnen, neue und vielfältigere Geschichten von Schönheit zu schreiben. Geschichten über wahre Schönheit und nicht nur über die Ware Schönheit.

Wir helfen den 39 Prozent der Frauen, die unglücklich mit ihrem Körper sind nicht nur, indem wir die Mechanismen zeigen, die ihre Zweifel nähren, um sie in Kaufentscheidungen münden zu lassen. Wir helfen ihnen auch, wenn wir die Geschichten der anderen 61 Prozent erzählen, die sich ganz wohlfühlen mit sich selbst. Es sollte kein Triumphlied der Selbstliebe sein, sondern eine ganz normale Geschichte vom Leben in einem Körper, von der Freude an ihm und dem Schmerz mit ihm. Wenn wir den Schönheitsdrachen nicht mehr jagen wollen, sollten wir nicht anfangen, die Fee zu suchen, die uns mit einem unumstößlichen Selbstbewusstsein ausstattet. Ein Selbstbild ohne Fragezeichen gibt es nicht. Es ist genauso unwirklich wie die Versprechen der Schönheitsindustrie. Sich schön zu fühlen ist ein gutes Gefühl. Aber die besten Momente im Leben sind wahrscheinlich die, in denen wir nicht an unsere eigene Attraktivität denken.

An Tagen, an denen ich in den Spiegel schaue und mich Zweifel oder Unzufriedenheit überkommen, versuche ich mir zu sagen, dass es dazugehört. Dass ich mich jetzt nicht auf die Suche nach dem Superhilfsmittel begebe und mich nicht fragen muss, ob ich weniger gemocht werde oder weniger erreichen kann. Dass ich das Ganze irgendwie aussitzen muss. Vielleicht weist meine Unzufriedenheit mich sogar auf andere Dinge hin, um die ich mich kümmern sollte. Das macht es im konkreten Moment nicht immer einfacher. Aber es hilft mir auf die lange Sicht. Es rückt für mich die Dinge in Perspektive. Denn es ist mein eigener Umgang mit mir, etwas, das ich entschieden habe, und nicht die Werbung oder eine Zeitschrift. Ich bin damit sicher nicht allein. Deshalb möchte ich mehr von diesen wirklichen Geschichten lesen und weniger von unerreichbaren Idealen. Idealen wie der sagenumwobenen Natürlichkeit. Das sind die »Frisch-aus-dem-Bett«-Looks, die nur fünfzehn Minuten dauern und Make-up-freie Gesichter, die trotzdem hundert Euro für Pflegeprodukte benötigen, um so richtig zu strahlen. Mit ihnen geht es im nächsten Kapitel weiter.

SCHAU EINFACH GANZ NATÜRLICH

Vierzig Hände für ein Foto, aber kichern über Tampons: die neue Natürlichkeit

Im April 2015 versprach ProSieben der geneigten Zuschauerin am Donnerstagabend das »Grauen am Morgen«. Was würde passieren, wenn wir um 20:15 Uhr den Fernseher einschalteten? Nun, Heidi Klum, stets gut gelaunte Model-Mama (seit wann ist regelmäßiges Vermessen und Wiegen des Nachwuchses eigentlich ein Indiz für eine gute Mutter?) hatte sich überlegt, »ihre« Mädchen um sechs Uhr morgens aus dem Bett zu schmeißen. Ich würde sofort zustimmen, dass Heidi Klum im Morgengrauen vor meinem Bett tatsächlich das nackte Grauen wäre. Aber der Sender meinte doch etwas anderes. Mutti wollte nämlich Fotos von den ungeschminkten Gesichtern der Teilnehmerinnen machen. Das fanden ihre Mädchen nur so semigut, aber Heidi erklärte wie jede gute Mutter die Beweggründe ihrer erzieherischen Maßnahme: »Ihr müsst euch selbst mögen, in jedem Zustand!« Und: »Natürlichkeit ist ganz wichtig im Modelbusiness!« Ich wiederhole das gerne noch einmal: Natürlichkeit ist ganz wichtig im Modelbusiness.

Das verwundert nicht. *Germany's Next Top Model* darf schließlich auf eine ganz eigene ruhmvolle Geschichte im Rahmen der »Sei einfach du selbst, ganz clean, pur und natürlich«-Bewegung verweisen. Immerhin werden regelmäßig Teilnehmerinnen nach Erstkontakt zum Abschminken zurückgeschickt, um sie dann kompromisslos mit Jury und eigenem Spiegelbild zu konfrontieren. In Staffel sechs mussten sogar alle fünfzehn Kandidatinnen nach einem Beautyshooting erneut völlig Make-up-frei vor

Jury und Kamera. Wie bei einer Katastrophenberichterstattung sah sich ProSieben in der Pflicht, die Reaktionen der Betroffenen schonungslos zu dokumentieren. Unter dramatischer Musik fuhr die Kamera die offenen Münder ab. Hände, die sich verzweifelt die Haare rauften, um dann ein paar O-Töne einzufangen: »Oh, nein!« – »Jetzt, sofort? Gleich? Krass!« – »Hoffentlich machen wir keine Fotos«.[25] Da brauchte wohl jemand noch ein wenig Nachhilfe in Sachen Natürlichkeit. Das mag daran liegen, dass die Sache mit der Natürlichkeit ganz schön verzwickt sein kann. Im Anschluss an das Beinahe-Model-Schaulaufen griff das Prominentenmagazin *Red* das Thema wieder auf. Das Fazit des »Promis ohne Make-up«-Beitrages war folgendes: Ungeschminkt im Supermarkt geht gar nicht, aber ein Selbstportrait ohne Schminke auf Instagram zu posten verdient Applaus. Natürlichkeit ist wohl doch nicht die natürlichste Sache der Welt. Und die neue Natürlichkeit ist noch ein wenig komplizierter.

Sag, wie hältst du es mit dem Eyeliner?

Was hat ein Foto von sich selbst ohne Make-up mit Brustkrebs zu tun? 2014 fanden viele, die Antwort auf diese Frage sei Mut. Es braucht Mut, der Krankheit zu begegnen, und es braucht Mut, ein ungeschminktes Bild von sich der Öffentlichkeit zu zeigen. Die britischen Organisatorinnen der Kampagne #NoMakeUpSelfie hatten sich aber noch etwas anderes dabei gedacht. Sie hatten Frauen dazu aufgerufen, Fotos ohne Farbe zu machen und für den Rest des Tages ungeschminkt zu bleiben. Die dadurch gewonnene Zeit sollten sie nutzen, um die eigene Brust abzutasten. Jede, die mitmachte, sollte außerdem fünf Pfund spenden. Es kamen Millionen zusammen, Millionen Pfund für die Krebsvorsorge und Millionen Fotos. Wer die Bilder anschaute, die sich bei Facebook, Instagram oder Twitter unter dem Hashtag #NoMakeUp-

Selfie sammelten, sah sofort: Sie waren sehr schön. Die Idee von der Zeitersparnis hatte allerdings nicht ganz funktioniert. Statt sich zu schminken, benutzte man die frei gewordene Zeit für die Suche nach dem günstigsten Winkel für die Aufnahme oder dem besten Licht, um die Haare dann pittoresk ins Gesicht zu drapieren und die Kontraste etwas schärfer einzustellen. Das ist keine Kritik, es ist verständlich. So eine Aktion mit einem Bild von sich auf Facebook ist schließlich die bestmögliche Werbung für uns selbst: Wir tun etwas Gutes, sind aber nicht eitel und sehen trotzdem super aus dabei.

Dass viele Frauen die Aktion in der gleichen Weise umsetzten, zeigt bereits ein wenig, wie wir Natürlichkeit verstehen. Instagramerin Mel Wells staunte zwei Jahre später auch nicht schlecht, als sie wieder einmal ein Foto von sich ins Internet stellen wollte. Auf dem Bild fehlten ihre Sommersprossen und ihre Haut schien eigentümlich geglättet. Wells neues Smartphone hatte ganz automatisch ihr Gesicht bearbeitet, als Voreinstellung ab Werk hatte man die höchste Bearbeitungsstufe eingestellt. Wells musste schließlich eine Weile in den Einstellungen ihres Telefons suchen, um ein Foto von sich zu bekommen, welches tatsächlich aussah wie sie selbst. Offensichtlich ging Hersteller Samsung davon aus, dass wir alle gern ein bisschen besser als das Original aussehen wollen und ein unbearbeitetes Foto gar nicht brauchen. Vielleicht wollte man uns mit der vermeintlich besseren Version unseres Selbst eine nette Überraschung bereiten. Nur hatten wir um diese nicht gebeten. Genauso wenig, wie wir Samsung für uns entscheiden lassen wollen, was schön ist. Dann kommt nämlich genau das dabei heraus: Unsere Sommersprossen sind auf einmal Makel, die verschwinden müssen, und unsere geairbrushten Gesichter sehen am Ende alle gleich aus.

»Natürlich wollen wir alle schön sein und in diesem Sommer am liebsten natürlich schön«, lese ich in einer Zeitschrift. Gemeint ist die gleiche optimierte Natürlichkeit, von der auch Samsung ausging. »Natürlich« heißt nicht »ohne alles«. Neben dem glamourösen Abend-Make-up gibt es auch den natürlichen Nude-Look, aber nie ein Nichts. Nude wie nackig, aber nicht ungeschminkt. Das ist das Paradoxon der natürlichen Schönheit, bei der man doch ein klein wenig nachgeholfen hat. Der natürliche Look ist die große Kunst, schön zu sein, ohne dass es nach viel Mühe aussieht. 2016 fand sich Herzogin Kate, ehemals Kate Middleton, auf dem britischen *Vogue*-Cover wieder. Auch hierzulande freute man sich an ihrer Natürlichkeit. Lässig lehnte sie am Gatter einer ebenfalls sehr natürlichen englischen Weide. Und trug kaum Make-up, sondern nur ihr strahlendes Lächeln. Prompt folgte die Verbindung zwischen ihrem Äußeren und ihrer Persönlichkeit im dazugehörigen Artikel. Wir erfuhren: Die Bilder spiegelten die Herzogin eins zu eins wider. So ist sie, natürlich und ungezwungen. Zum Shooting ist sie selbst gefahren, mit Lockenwicklern im Haar. Kate, die Königin der Natürlichkeit. Die Frau, die sogar den Eyeliner für ihre Hochzeit selbst aufgetragen hat. Die nicht so viel Wert auf das Drumherum legt, weil sie ja auch Mutter ist. Natürlichkeit ist das Einhorn unter den weiblichen Beautystandards, ein enger Verwandter des Schönheitsdrachen aus dem vorherigen Kapitel. Natürlichkeit bedeutet, trotzdem nach konventionellen Standards schön zu sein, keine Pickel, keine Rötungen oder Altersflecken, nur maximal kunstvoll zerzauste Haare. Zu Heidis Out-of-Bed-Fotos passt der Out-of-Bed-Look. Der sieht immer sexy aus und geht ganz schnell. Nur fünfzehn Minuten, und schon sehen wir aus wie gerade aus dem Bett gekommen. Echte Natürlichkeit will hingegen niemand sehen. Das bekam nicht nur Kate zu spüren, als bei einem öffentlichen Auftritt ein grauer Haaransatz zu erahnen war und die Presse fragte, was das denn nun bitte sollte.

Natürlichkeit heißt nicht weniger Mühe bei der Schönheitsarbeit. Es heißt nur »Mir gelingt alles mühelos, ich sehe spielend so gut aus.« Eine Heerschar von Stylisten braucht es manchmal trotzdem, siehe nicht nur Kates Fotoshooting. Im Mai 2016 sah man Sängerin Alicia Keys ungeschminkt auf dem roten Teppich. Danach kündigte sie an, sich auch in Zukunft nicht mehr zu schminken. Kurz darauf gab ihre Visagistin (ja, richtig gelesen, die wurde nicht automatisch arbeitslos) ein Interview. Und erklärte, Keys »weiß, dass man innerlich in seine Haut investieren muss, damit sie äußerlich großartig aussieht«. Eine kleine Investition auf das Schönheitskonto mit hoffentlich hoher Rendite (wieder das Lebensglück, perfekter Partner?) ist eben auch bei einem natürlichen Gesicht nötig. Bei Alicia Keys sah das so aus: »Statt Schminke führt sie ihrer Haut täglich Anti-Aging-Serum und eine mattierende Lotion zu. Ein Brauenstift dient zum Modellieren, ein wenig Cremerouge noch, fertig.«[26] Alles in allem kosten die Produkte für den natürlichen Spaß um die 300 Euro.

Wir haben also immer noch ein bisschen zu tun. Nur trägt man die Mühe, die ins Äußere gesteckt wird, nicht mehr vor sich her. Damit ist Natürlichkeit auch eine Möglichkeit, Grenzen zu ziehen zum Unnatürlichen, zu zu viel Make-up, und zu den offensichtlichen Gedanken ums Äußere. Wer einfach großartig aussieht, ohne dass man etwas von den Vorbereitungen bemerkt, hat alles richtig gemacht. Dabei hat diese Art der natürlichen Schönheit so wenig mit Mühelosigkeit und Entspanntheit zu tun wie die Jagd nach dem richtigen Biolebensmittel auf dem Wochenmarkt. So spaltet Natürlichkeit Frauen. In die, die es richtig machen – und in die Fakes, die falschen Fünfziger. Und was ist eigentlich, wenn ich mich gern und viel schminke? Wenn ich es mag, wie meine Wangen mit viel Rouge, meine Augen mit viel Eyeliner und Lidschatten aussehen? Das Verständnis von »richtig« ist so eng gefasst, dass nicht genug Platz für alle Frauen darin ist.

Eine Erfahrung, die auch die beiden Autorinnen des US-amerikanischen Blogs »No More Dirty Looks« machten. Siobhan O'Connor ist eine von ihnen und schreibt über Kosmetika. Sie bat ihre Leserinnen zunächst, Fotos ohne Make-up einzusenden. Ein paar Monate später fragte sie nach Glamour-Bildern. Von dem Ergebnis ihres Aufrufs war sie überrascht: »Wir baten die Leserinnen, uns den glamourösesten Look zu schicken, den sie sich ausdenken konnten. Und es war wirklich interessant, glamourös fiel den Leserinnen so schwer, während ihnen Fotos ohne Make-up kein Problem bereitet hatten. Wenn du dich auffällig schminkst, sagst du der Welt auch: ›Hier bin ich und ich will das rocken heute.‹ Ich glaube, viele Frauen haben Probleme damit, sich in den Vordergrund zu drängen. (…) Und es gibt diesen gewissen Druck. Man denkt: ›Wenn ich komplett ohne Make-up nicht super aussehe, ist das o. k. Aber wenn ich es probiere und es nicht klappt, dann sage ich der Welt: Das ist leider das Beste, was ich aus mir rausholen kann.‹ Frauen haben so viel Respekt vor dieser Sache, dabei sollte Beauty doch Spaß machen und spielerisch sein.«[27]

Vielleicht ist das auch die Antwort auf die Frage einer Leserin, die auf meinem Blog einmal kommentierte: »Wenn wir alle so von der Schönheitsindustrie bedrängt werden, warum sehe ich dann an einem Sonnabend in der Innenstadt eher wenige Frauen mit perfekt geschminkten Gesichtern und kunstvollen Frisuren?« Ein natürlicher Look (»mühelos natürlich schön«) soll einen lockeren Umgang mit der eigenen Schönheit symbolisieren, lässt manche aber scheinbar wieder nur mit Unsicherheiten zurück.

Ganz ohne Photoshop – Die Illusion des Nichts

»Aber, aber«, wenden die Zeitschriften ein. »Der Nude-Look ist ja nicht gleich Natürlichkeit. Und wir finden doch auch, dass alle irgendwie schön sind. Wer hat euch denn erst erklärt, was Photoshop ist? Das waren doch wir.« Tatsächlich gehört neben Diättipps und den besten Sexstellungen auch die Foto-Entlarvungs-Rubrik fest ins Repertoire unserer Lieblingslektüre. Wer im letzten Jahr die *Glamour* aufschlug, fand dort wieder Bilder der Victoria's Secret Fashion Show, dem bonbonfarbenen Supermodelschaulaufen in Unterwäsche. Das ist die Veranstaltung, die mit ihrer penetranten Fröhlichkeit der Welt jedes Jahr aufs Neue zeigen will, dass Frauen am glücklichsten sind, wenn sie möglichst wenig anhaben. Neben den Bildern der Show gab es dieses Mal auch solche, auf denen die Models ungeschminkt und ungestylt waren. Was die Engel hier machten, war, einem Trend zu folgen. Egal, ob Rihanna, Cindy Crawford oder Lena Dunham, die Veröffentlichung eines unbearbeiteten Bildes zusammen mit der glamourösen Fotostrecke gehört inzwischen zum guten Ton.

Das ist gut, oder? Weil es die Künstlichkeit und Unerreichbarkeit der gezeigten Ideale entlarvt. Ja, das ist ein netter Schachzug. Aber mal ehrlich, alle großen Nachrichtenagenturen und Zeitungen haben Richtlinien gegen die Manipulation von Bildern, meist sind nur kleine Anpassungen in Photoshop erlaubt.[28] Man kann einwenden, dass für Nachrichtenfotos Glaubwürdigkeit das höchste Gut ist, während Aufnahmen in Frauenzeitschriften lediglich unterhalten wollen. Aber muss deshalb hier, wie bei keinem anderen Medium, eine intensive Bearbeitung der Fotos die Norm sein? Wenn hier und da ein unretuschiertes Bild gezeigt wird, ist dies immer nur ein kurzes Zurückziehen des Vorhangs. Wir bekommen nur einen Knochen an vermeintlicher Authentizität zugeworfen.

Und *eine* unbearbeitete Aufnahme ändert nichts an den vielen retuschierten Frauen, die auf jeder Seite der gleichen Ausgabe zu finden sind, egal ob es sich um Werbung, Fotostrecken oder die Bebilderung von Artikeln handelt. Selbst wenn sich normale Frauen auf die Seiten der Magazine verirren, und es gibt nur sehr wenig Platz für sie zwischen Models und Schauspielerinnen, sehen diese anders aus als die Mutter auf dem Spielplatz neben uns oder die Frau in unserer Straße, die sich mit einem kleinen Café selbstständig gemacht hat. Auch bei »echten Frauen« greifen die Zeitschriften gern zu den richtig schönen Exemplaren, um diese dann wieder zu bearbeiten. Mit ein Grund übrigens, warum die Frauenzeitschrift *Brigitte* einst mit ihrem Versuch scheiterte, die Zeitschrift ohne Models zum Erfolg zu führen. »Die Euphorie war so groß wie die Bewerberinnenschar vom Bodensee bis Buxtehude«, lautete das Resümee in einem Artikel nach dem Aus für die »echten« Frauen, aber »offensichtlich ist von denen keine genommen worden. Denn wer so durch die Fotostrecken blätterte in den vergangenen zwei Jahren, der musste erfahren, dass die Wie-du-und-ich-Frauen, die da so mitten im Leben standen, das gerne in Schauspielschulen, Marketingagenturen oder dem eigenen Yogastudio taten. Wie Kate Moss sah zwar tatsächlich keine aus, wie du oder ich aber auch nicht, es sei denn, das Du hat Wangenknochen wie Faye Dunaway, einen Mund wie Julia Roberts und Sommersprossen wie Julianne Moore.«[29] Glaubt man der offiziellen Erklärung von Verlagsseite, zeigten sich hier auch die Nachteile für die *Brigitte.* Die normalen Frauen mochten zwar fast aussehen wie Models, waren aber keine. Das machte die Arbeit mit ihnen aufwendiger und schließlich zu aufwendig, zumal die Verkäufe des Heftes nicht mitzogen. Was auch daran gelegen haben mag, dass sich neben den echten Frauen auf der *Brigitte*-Webseite auch Klickstrecken zu Themen wie »Diese Stars sind gerade auf Diät« finden ließen.

Die Begriffe »echt«, »normal« oder »natürlich« sind eben dehnbar. 2008 geriet die gerade gestartete Dove-Kampagne für wahre Schönheit in die Kritik. Auf den großformatigen Plakaten sah man wieder einmal »echte Frauen« (Originalslogan Dove) auch außerhalb von Kleidergröße 36 in Unterwäsche. Für die Bildbearbeitung hatte man Pascal Dangin engagiert, den besten Bildbearbeiter der Branche. Er erzählte dem Magazin des New Yorker freimütig, wie viel Spaß ihm die Herausforderung gemacht hatte, auch hier alle Gesichter und Körper so hinzubiegen, dass sie nicht, und das ist ein Zitat, »unattraktiv« aussahen.[30] Dangin zog seine Aussage zwar wenig später schnell zurück und gleichzeitig kam eine Presseerklärung von Dove, wonach eigentlich kaum Bildbearbeitung stattgefunden habe. Warum man für eine natürliche Kampagne mit echten Frauen allerdings den besten Bildbearbeiter der Branche engagiert hatte, blieb das Geheimnis der Kosmetikfirma.

Und Photoshop hin oder her, selbst wenn wir Bilder *vor* der Bildbearbeitung gezeigt bekommen, unterscheiden sie sich immer noch von dem, was wir zu Hause knipsen. Denn es ist nicht nur das Bildbearbeitungsprogramm, das die Illusion von Perfektion erzeugt. Jessica Weiners Beschreibung eines Fotoshootings für ein Hochglanzmagazin führt dies wunderbar vor Augen. Ganze 21 Menschen, also 42 Hände, zählt sie im Studio. Diese kümmern sich ausschließlich um das Aussehen *eines* Models. Da hätten wir acht Hände, die fünf Stunden lang Haare und Makeup richten, zwanzig Hände(!), die immer wieder Licht, Position des Models (der Körper wird möglichst vorteilhaft angeschnitten) und Technik einstellen, dazu noch einen Fotografen, der ununterbrochen »Zieh den Bauch ein!« ruft. Weitere zwölf Hände gehören Assistenten. Von denen kleben vier mit Klebeband die Haut des Models nach hinten, um ihre Hüften schmaler erscheinen zu lassen. Während dessen werkelt ein weiteres Paar Hände an ihren Shorts. Diese wurden exakt nach den Maßen des Models angefertigt, haben aber beim Shooting noch immer nicht die perfekte Passform. Am Ende entscheidet man sich, sie einfach hinten ein wenig aufzuschneiden, damit sie von vorn am besten aussehen.

Das ist das Fotoshooting. Und dann kommt erst die Bildbearbeitung. »Und du kaufst die Zeitschrift und wunderst dich, dass du nicht wie sie aussiehst?«, schreibt Jessica Weiner. »Das Model sieht nicht einmal wie sie selbst aus.«[31] Und hier haben wir noch nicht einmal angefangen, darüber nachzudenken, dass gutes Aussehen nun einmal der Job dieser Menschen ist, für den sie auch sonst eine Menge tun. Die Victoria's Secret Engel kann man auf Instagram und in einem Tagebuch auf der Webseite bei ihren Vorbereitungen auf die alljährliche Unterwäschepräsentation begleiten. Mit Sport, Bräunungsdusche und Ernährungsberatung kommt locker ein Acht-Stunden-Tag zusammen. Im Unterschied zur Otto-Normal-Arbeitnehmerin ist hier aber immerhin für eine exzellente Kinderbetreuung gesorgt.

Also fordern wir jetzt, dass für schicke Modestrecken und funkelnde Werbekampagnen nur noch unbearbeitete Fotos von Frauen benutzt werden dürfen, die man zwei Minuten vorher von der Straße hereingewunken hat? Die Lacher wären vermutlich auf unserer Seite, und ehrlich, wenn ich hängende Brüste sehen will, kann ich in den Spiegel schauen und brauche mir kein Hochglanzmagazin zu kaufen. Ich weiß natürlich um den Werbe- und Fantasiefaktor. Realismus ist nicht die Antwort. Aus dem gleichen Grund, aus dem mir in der Autowerbung keine dreckigen und zugemüllten Autos gezeigt werden. Aber, und das ist der große Unterschied zur Autowerbung, ich kann mir die sauberen und frisch gesaugten Autos gut ansehen, ohne das Bedürfnis zu haben, mein eigenes jeden Tag so herzurichten wie die in der Werbung.

Warum ist das mit den Bildern von perfekten Frauen anders? Ich bin der Frage nachgegangen und auf zahlreiche Studien gestoßen. Dabei fällt auf, dass es gar nicht zwangsläufig so ist, dass wir Bilder von perfekten Frauen einfach so als Ideal abspeichern.[32] Viele Frauen wissen, dass eine Crashdiät und ein paar Kniebeugen ihnen nie den Po des Fitnessmodels bescheren würden, das ihnen die neuesten Fünf-Minuten-Übungen auf den Fotos vorturnt. Sie können eine Distanz zu den Fotos herstellen. Ungefähr so, wie wir nicht auf die Idee kommen würden, uns sofort einen Flügel in die Wohnung zu stellen, nachdem wir ein fantastisches

Klavierkonzert gehört haben. Das Problem ist aber, dass wir diese Fähigkeit zur Abgrenzung immer mehr verlieren. Weil wir ständig zum Vergleich mit unechten, auf jede erdenkliche Art bearbeiteten Vorbildern animiert werden. Das Vergleichen geht, was die Optik betrifft, bei Frauen sowieso bereits in der Kindheit los. Lisa und Clara wird eher gesagt, was sie für schöne Kleider anhaben als Karl und Phillip. Und die freundlichen Verwandten, Nachbarn oder Kindergärtnerinnen vergleichen auch nicht den tollen gepunkteten Rock von Marie mit dem T-Shirt von Paul. Sondern wieder mit dem von Lisa.

Und dann kommen die Bilder. Es ist wichtig zu wissen, dass diese nicht echt sind, dass es Bildbearbeitung und gutes Licht gibt. Das ist ein Grund dafür, dass in den letzten Jahren einige Anstrengungen unternommen wurden, um insbesondere jungen Mädchen die nötige Medienkompetenz beizubringen, also das Wissen um Photoshop und Vorher-Nachher. Verblüffenderweise zeigen aber Nachuntersuchungen, dass das Wissen um die Bildbearbeitung nicht automatisch zu einem gesünderen Körpergefühl und größeren Selbstbewusstsein führt. Warum nicht? Die Antwort ist so nachvollziehbar wie traurig. Es sind nicht nur die Bilder allein. Es ist das Versprechen dahinter, das sie so mächtig und oft auch gefährlich macht. Perfektes Aussehen wird mit dem Anspruch auf ein erfolgreiches und glückliches Leben verbunden. So erzählen es die Bilder und Artikel: Wer schön ist, der gelingt alles. Es ist nur vordergründig der Wunsch nach dünnen Beinen, der uns zum Nachdenken über unser Äußeres anregt. Dahinter steckt die Idee von einem Leben, das vielleicht ein bisschen glücklicher wäre mit diesen Beinen.

Deshalb tun wir nicht nur Mädchen einen noch größeren Gefallen, wenn wir genau diese Verbindung zwischen äußerer Schönheit und vermeintlich perfektem Leben aufbrechen. Indem wir an Frauen konsequent auch andere Qualitäten loben als nur ihre Optik. Überall. Dazu gehört auch, bei unserer Bundeskanzlerin nach einer Dekade Regierungsarbeit nicht immer noch von ihrer alten unvorteilhaften Frisur zu erzählen. Photoshop können wir dann trotzdem noch erklären.

Wir haben also gesehen: An der neuen Natürlichkeit ist nur wenig natürlich. Dabei gäbe es durchaus ein paar ganz natürliche Dinge, über die man schreiben könnte, ohne erhobenen Zeigefinder und Schamgefühl. Stattdessen liest man in der *Maxi* unter der Überschrift »Okay, jetzt wird es intim« von Tampons und deren Alternativen, als würde man wieder kichernd mit dreizehn auf dem Schulhof stehen. »Ja, KEINER redet gern darüber. Aber es geht nun mal uns alle etwas an« beginnt der Artikel und passt in seiner Verschämtheit gut zur blauen Ersatzflüssigkeit in der Bindenwerbung. Weiter geht es bei *InStyle,* wo man die drei wichtigsten Fakten über die »kritischen Tage« zusammengetragen hat. Einer ist die Warnung, währenddessen bloß nicht den Intimbereich zu waxen, Schmerzempfinden und so. Und in der *Cosmopolitan* empfehlen sie Sex gegen Regelschmerzen als »das schönste Mittel und ganz natürlich«. Da gibt es also ein Thema, das echte Frauen einmal ganz natürlich interessieren könnte, und man schreibt darüber mit einer schüchternen Künstlichkeit, die nicht nur irgendwie traurig macht. Sondern auch zeigt, dass wir noch ein Stück Weg vor uns haben, bis Frauenthemen tatsächlich ganz normale Themen für Frauen sind.

Ganz natürlich wäre es eigentlich auch, ab und zu die Leserinnen selbst in den Heften vorkommen zu lassen, die sie lesen. Leider scheint es aber hier eine Ausweiskontrolle am Titelblatt zu geben. Denn neben der Natürlichkeit gibt es noch ein weiteres Schönheitselixir, das die Zeitschriften lieben. Und das heißt Jugend.

Schönheit vor Alter

Seit mir diese kuriose Regel des gesellschaftlichen Umgangs zum ersten Mal begegnete, überlege ich, wieso man Frauen nicht nach ihrem Alter fragen soll. Die Antwort kenne ich selbstverständlich: Es könnte der peinliche Fall eintreten, dass sie tatsächlich alt sind.

Bis zu einem Viertel der Leserinnen von Frauenzeitschriften sind über vierzig Jahre alt. Schlägt man eine auf, findet man aber kaum Bilder von ihnen, egal ob professionelles Model oder sogenannte normale Frau. Je nach Frauenzeitschrift reden wir von irgendetwas zwischen 3 und 9 Prozent. Die niedrige Zahl führt dazu, dass es *Frauen*zeitschriften gibt, die mehr Bilder von Männern enthalten als von Frauen jenseits der vierzig.[33] Wir wissen es ja eigentlich. Männer werden reifer und Frauen alt. Denken wir an Schauspieler, deren Filmpartnerinnen gern zehn bis zwanzig Jahre jünger sein dürfen, während sie dekorativ in der Ecke herumstehen (»Oh, ich habe ja echt wenig an«). Männliche Stars wie Tom Cruise, Denzel Washington oder Johnny Depp werden älter und bekommen immer jüngere Filmpartnerinnen an die Seite gestellt, in die sie sich verlieben dürfen. Seit 2001 hatte keiner von ihnen eine Filmliebe, die nicht mindestens zehn Jahre jünger war als sie selbst. Und keine der Frauen war älter als 39. So kommt es, dass Hollywood einem 48-jährigen Johnny Depp im Film *Dark Shadows* völlig selbstverständlich die 24-jährige Bella Heathcote als Ziel seiner Begierde castet.[34] Und uns das nicht wirklich auffällt.

Wenn wir uns nur auf Frauenzeitschriften verlassen würden, hätten wir keine Ahnung davon, wie weibliches Altern aussieht. Aber wie man das Altern vermeidet, das wüssten wir. Dabei ist das Alter eine Begleiterscheinung des Lebens und damit unvermeidlich. Dem würden Frauenzeitschriften wahrscheinlich sogar zustimmen. »Das Alter an sich schon, aber die Anzeichen, die

Anzeichen!« Magazine und Kosmetikmarken bilden uns hier zuverlässig weiter. Dank »Oil of Olaz« kennen wir ganze sieben Zeichen der Hautalterung (sichtbare Linien und Fältchen, unruhige Hautstruktur, ungleichmäßiges Hautbild, große Poren, stumpf wirkende Haut, Pigmentflecken und Rötungen sowie trockene Haut). Meine ehemalige Deutschlehrerin hätte unter diese Aufzählung mit ziemlicher Sicherheit »Dopplungen vermeiden, lässt sich auch kürzer zusammenfassen« geschrieben. Aber leider hat es sie nicht in die Werbebranche verschlagen. Hier weiß man, dass sich sieben Zeichen deutlich besser verkaufen lassen als eindreiviertel.

Ein großer Teil der Problemzonensuche hat seine Wurzeln in der Angst vor dem Alter. Denn Jugend bedeutet Schönheit. Wenn du nicht jung aussiehst (straffer Körper, straffe Haut, keine erkennbaren Schwerkraftschäden an diversen Körperteilen), bist du nicht attraktiv. Das Geniale an dieser Sichtweise ist, sie betrifft ältere *und* jüngere Frauen. Sie macht junge Frauen genauso unsicher (lies: kauflustig) wie ältere. Weil beide die vermeintlichen Gruselschäden des Alters umschiffen sollen, die einen durch Vorsorge und die anderen durch Nachsorge. Die sieben Zeichen der Hautalterung zeigen sich schließlich bereits ab dem 25. Lebensjahr und beinhalten die Sichtbarkeit von »Fältchen und Linien«. Und die findet nun wirklich fast jede bei genauem Hinsehen. So lesen eigentlich alle Frauen zwischen den Zeilen, dass wir immer irgendwie unter Beobachtung stehen, als sei das ein Naturgesetz. Mit unserem Preisverfall müssen wir leider leben, aber ihn nicht akzeptieren. Denn *wir* können ja gemeinsam etwas dagegen tun. Diese Einstellung zum Alter lässt sich kaum schöner (oder gemeiner) mit den Worten des Kosmetikherstellers Beiersdorf zusammenfassen, der im Fazit einer seiner Studien schreibt: »Wer im Alter alt aussieht, der hat selbst schuld.«[35] (Das überraschende Ergebnis der Studie lautet übrigens: »Anti-Aging auf dem Vormarsch!« oder »Es ist in Ordnung, wenn Sie Hunderte von Euro für Hyaluron, Fruchtsäuren und Co-Enzyme ausgeben, andere machen es ja auch.«)

Dabei kommen andere Studien, die ich mir für dieses Buch angesehen habe, eher zu dem Ergebnis, dass die meisten Menschen sich im Alter wohler mit sich und ihrem Körper fühlen als in ihrer Jugend.[36] Das ist natürlich sehr ärgerlich für die Kosmetikunternehmen. Also muss man eben ein bisschen deutlicher werden, wenn man seine Produkte verkaufen will. Und verkaufen möchte man sie natürlich, die hochpreisigen und selbstredend hocheffektiven kleinen Jungbrunnen. Dass sie wirken, ist in klinischen Studien bewiesen. Steht ja auf der Packung und in den Werbeanzeigen. Es muss also stimmen. Mhm, ja und nein. Kurz nach der Jahrtausendwende veröffentlichten fünfzig US-amerikanische Altersforscher eine Erklärung. Sie schrieben, dass es bisher keine Substanz oder Methode gibt, die »das Altern verlangsamt, aufhält oder rückgängig macht«.[37] Die tapferen Wissenschaftler versuchten es also wieder mit Aufklärung, ähnlich wie dreißig Jahre zuvor bei der Cellulite. Auch dieses Mal nur mit mäßigem Erfolg, denn wir produzieren und kaufen immer noch. Dass die Wirksamkeit vieler Produkte festgestellt wurde, ist nicht einmal gelogen. Nur wirken sie nicht immer so, wie es uns suggeriert wird. Öko-Test bestätigte, dass Anti-Aging-Cremes kleine Fältchen optisch verschwinden lassen. Aber nicht aufgrund von spektakulären Enzymen, sondern weil wir unsere Haut besser mit Feuchtigkeit versorgen. Wir wässern nach und das vergrößerte Volumen strafft so kurzfristig die Haut. Das aber könnte, rein theoretisch, auch eine günstigere Feuchtigkeitscreme tun. Wir bräuchten nicht unbedingt die teure, mit Raketenwissenschaft entwickelte Version.

Nun, immerhin sieht man hier möglicherweise einen Effekt. Die Wirkung von Anti-Falten-Cremes mit Hyaluronsäure ist dagegen zwar messbar, aber leider nicht sichtbar. Der Wunderwirkstoff füllt Falten nur um Hundertstel Millimeter auf,[38] und das ist für das menschliche Auge nicht wahrzunehmen. Egal, denken sich die Hersteller, schreiben wir trotzdem als Werbeversprechen auf die Packung, dass die Wirkung wissenschaftlich erwiesen ist.

Und was machen wir, wenn wir nicht alt werden wollen und keine Creme so richtig ihren Dienst tut? Die Zeitschriften haben inzwischen wie selbstverständlich auch Nadeln, Laser oder chemische Peelings als kleine Hilfsmittel aufgenommen. »Die schlechte Nachricht ist, dass das Alter uns alle trifft«, schreiben sie. »Die gute aber, dass der Fortschritt rasant voranschreitet.« So verspricht ein chemisches Peeling »endlich strahlende Haut«, und die Frage »Was bringt Botox to go wirklich?«, steht wie selbstverständlich neben einem Artikel zur neuesten Abdeckcreme. Botox to go klingt wie Coffee to go und soll genau das bedeuten: Es ist keine große Sache, eigentlich harmlos und gehört für viele mittlerweile dazu. Dabei sind als Nebenwirkungen des Nervengiftes Gesichtslähmungen und Asymmetrien ähnlich wie bei Schlaganfällen möglich. Ganz zu schweigen von dem finanziellen Aspekt. Warum trotzdem bereits 26-Jährige mit Botox anfangen sollten, erklärt ein Arzt seiner Patientin in einer Reportage des Deutschlandradio so:

> Arzt: »Ja, ich seh schon, Sie sind ja noch sehr jung. Hab gerade mal gelinst, erst 26 Jahre, da würden viele sagen: ›Um Gottes willen, mit 26 Jahren schon eine Botox-Therapie?‹ Ich gestehe, dass ich das vor fünf oder zehn Jahren auch noch abgelehnt habe, Frauen unter dreißig mit Botox zu behandeln. Warum denn? Sind ja noch keine Falten da. Also diese Meinung habe ich jetzt revidiert. Auch aus der Erfahrung aus Amerika, dass da viele schon mit achtzehn anfangen. Und ich denke: So eine schlechte Idee ist das gar nicht. Wir beruhigen mit dem Botolinumtoxin nur die mimische Muskulatur. Und wenn wir diese mimische Muskulatur nicht mehr machen können, die Stirn nicht mehr so extrem bewegen können: Dann können wir gar keine Falten erst bilden!«

Patientin: »Zur Kommunikation ist ja auch die Mimik sehr wichtig, wie funktioniert denn das? Entfällt dann meine Mimik komplett mit meiner Stirn? Oder wie sieht das letztendlich aus?«

Arzt: »Natürlich können Sie dann die Zornesfalte nicht mehr so 100 Prozent bewegen. Das kann man aber vorher absprechen. Sie können noch lachen, den Mund können Sie bewegen, die strahlenden Augen können Sie immer noch anwenden für die Männer. Nur Sie können eben diese böse Falte in der Zornesregion nicht mehr machen und die Stirn nicht mehr nach oben ziehen. Aber braucht man die Mimik? Ich denke nicht.«[39]

86 Prozent der Menschen, die sich Schönheitsoperationen unterziehen, sind Frauen. 72 Prozent der Frauen können sich kosmetische Korrekturen generell vorstellen. Ganz oben auf der Wunschliste stehen Brustvergrößerungen und Fettabsaugung. Hier sind die Patientinnen im Schnitt zwischen 32 und 38 Jahren alt. Ab 48 Jahren führen dann Faltenbehandlungen sowie Straffungen im Hals- und Stirnbereich und das gute alte Facelift die Liste an.[40] Das Tabu, das Schönheitsoperationen noch vor einer Generation anhaftete, wird immer häufiger gebrochen. Auch, weil immer neue Zusatznutzen beforscht werden. Botox soll nun zusätzlich gegen Migräne helfen. Und wenn man die Zornesfalte nicht mehr machen kann, verringert das nicht vielleicht auch Depressionen? So lautet die neueste Hypothese.

Man spricht und schreibt also gern darüber, wie wir dem Alter ein Schnippchen schlagen könnten. Aber nur selten über das Alter an sich. Es fehlen wieder die wahren Schönheitsgeschichten im Gegensatz zu denen von der Ware Schönheit. Sonst sähen zum Beispiel die beliebten Abnehmschlagzeilen ganz anders aus. Mit dem Älterwerden auch zuzunehmen, ist eigentlich eine ganz normale

Sache. Der Stoffwechsel verändert sich und unsere Muskelmasse wird weniger. Das heißt, wir verbrauchen weniger Kalorien. Die Schlagzeile dazu hieße also korrekt: »Mit diesen einfachen Übungen sehen Sie im nächsten Jahr noch genauso aus wie jetzt!«, und nicht »In nur zehn Minuten fünf Kilo leichter«. So viel Ehrlichkeit klingt, das gebe ich gern zu, nicht ganz so sexy wie das Original. Aber würde man damit wirklich weniger Zeitschriften verkaufen? Ich glaube nicht. Denn natürlich sagen wir alle auch Dinge wie: »Ich hätte dich jünger geschätzt«, und meinen es als Kompliment. Aber eigentlich haben wir keine Lust mehr auf das Rattenrennen, bei dem so getan wird, als hätten wir nur dann eine ordentliche Lebensleistung vollbracht, wenn wir aussehen, als wäre da gar kein Leben gewesen.

Unsere Vorstellung vom Alter ändert sich gerade von Grund auf. Wir werden alle älter, sind gesünder als die Generationen vor uns und verhalten uns in unseren 50ern und 60ern ganz anders als noch unsere Eltern und Großeltern. Wenn wir wissen, dass das Alter neu wahrgenommen wird, wird es dann nicht Zeit zu fordern, dass es auch neu abgebildet wird? Und damit meine ich nicht noch eine weitere Fotostrecke von einer prominenten Frau um die vierzig im *Playboy*.

Denn es gibt sie durchaus. Die eine Gruppe, deren Aussehen und Alter auch über die vierzig hinweg ausdauernd öffentlich besprochen wird. Prominente Frauen sehen entweder a) viel jünger aus als sie sind (Jackpot – aber leider reicht es trotzdem nicht für die Rolle neben Johnny Depp!) oder b) viel älter aus als es im Ausweis steht (die Arme, wohl nicht genug gecremt). Wenn sie sich aber die Gesichtshaut straff ziehen lassen, gießen wir Häme über sie aus und reden mehr über das »neue« Gesicht als über ihre Arbeit. Fragen Sie einmal Bridget Jones alias Renée Zellweger. Nie, wirklich nie, lesen wir aber Schlagzeilen, die so lauten: »Gwyneth Paltrow sieht exakt aus wie 44!« Stattdessen gibt es umfassende Bildanalysen zu Bikinifotos. Und kaum jemand fragt, wieso es eigentlich überhaupt interessant sein sollte, wie alt Gwyneth Paltrow aussieht, ob Madonna eine gute Mutter oder Sylvie Meis eine gute Freundin ist. Oder warum so viele Prominente unsere Zeitschriften bevölkern. Dabei sind das alles gute Fragen. Deshalb stellen wir sie auch sofort, im nächsten Kapitel.

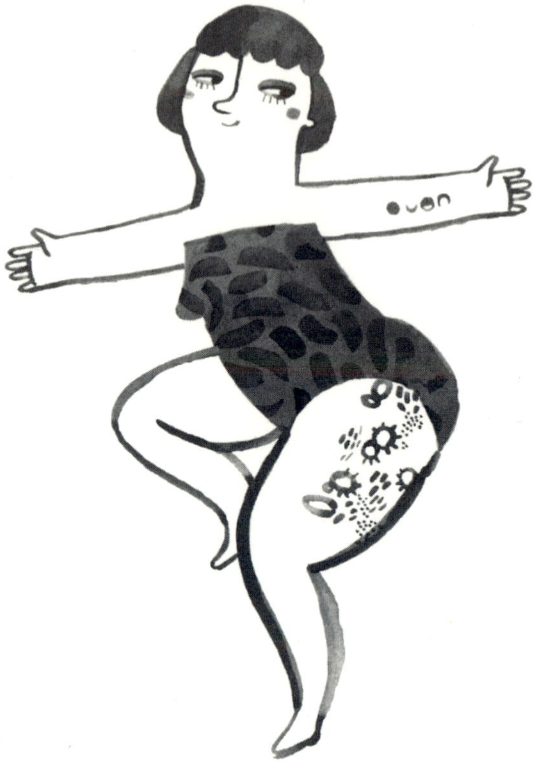

Warum Taylor Swift mit 26 dringend einen Mann braucht, während George Clooney noch mit 45 ein Schwein reichte

Matthias Schweighöfer lächelt sein bekanntes Lächeln, als er das Café betritt. Seine charakteristischen Locken sind wieder etwas kürzer als gewohnt. Ich sage ihm sofort, wie sehr mir sein neuer Look gefällt. »Oh, danke«, erwidert er, streicht eine goldene Strähne hinters Ohr und lehnt sich verschwörerisch zu mir herüber: »Ich fühle mich befreiter mit den kürzeren Haaren.« Heute hat er sich für eine schlichte Jeans und ein weißes T-Shirt entschieden. Es ist dieser klare, minimalistische, fast skandinavische Stil, für den er so viel Bewunderung erfährt. Den gewählten Style trägt er mit der Nonchalance eines echten deutschen Filmstars. Schweighöfer bestellt ein Wasser und ein Croissant, bevor er seine langen Beine lässig übereinanderschlägt. Es ist sein zweites Frühstück, wie ich später erfahren werde. Mit einem süffisanten Lächeln gibt er zu, abseits von Dreharbeiten und Fotoshootings gönne er sich ab und zu Kohlenhydrate. Während er redet, blitzen seine Augen. Sein Gesicht ist ausdrucksstark, die ersten Falten um Augen und Mund verleihen ihm Charakter. Aber er weiß, dass er sich nicht ewig auf sein gutes Aussehen verlassen kann. »Ich habe lange nicht an meine Haut gedacht«, gibt er zu und verrät mir exklusiv seine Beautygeheimnisse. »Gerade mit Kindern ist es wichtig, trotzdem Mann zu bleiben und Zeit für sich zu finden.« Verstohlen spielt er mit seinen perfekt manikürten Fingern. Kein Ring. Über sein Liebesleben ist viel geschrieben worden, und in den kurzen Moment der Stille hinein überlege ich: »Vielleicht ist es da doch, dieses unterschwellige Bedürfnis, das jeder Mann kennt. Der Wunsch aufgefangen und gehalten zu werden. Der Wunsch, dass die Partnerin endlich die eine Frage stellt.« Während ich noch überlege, hat Schweighöfer zum Thema zurückgefunden. Er schwärmt von dem wunderbaren neuen Face Scrub, das er erst kürzlich entdeckt hat und der Tagescreme, die er sich jeden Monat exklusiv vom französischen Hersteller schicken lässt. »Es hat mich buchstäblich zu einem neuen Menschen gemacht«, sagt er zum Abschied, und sein perfekter Teint gibt ihm recht.

Gut, ich gestehe. Dieses Interview mit Matthias Schweighöfer gab es nie. Keine große Überraschung, oder? Irgendetwas schien hier nicht zu stimmen. Wenn wir Matthias Schweighöfer allerdings durch eine weibliche Berühmtheit ersetzen, klingt der Text schon vertrauter.

Wenn wir von Prominenten lesen, geht es meistens um Wer-mit-wem, um Gewicht und Kleidergrößen oder Wem-steht-es-besser. (»Kate Moss punktete bei der Parfümpremiere mit den wichtigsten Zutaten der Saison, einer schmalen Taille und Leopardenmuster.«) Kauf die Zeitschrift und du wirst es erfahren: »Ist es wahre Liebe oder nur ein heißes Date?«, oder: »Hat sie etwas machen lassen?« Um Babys geht es auch sehr häufig. Um viele Babys, eingebildete Babys und ein paar wirkliche. Auf jeden Fall sind in diesen Zeitschriften überall eine Menge Frauen drauf und drin. Es geht seltener um prominente Menschen, es geht um prominente Frauen. Das heißt nicht, dass Männer nicht vorkommen, das tun sie. Aber sie stehen weniger im Mittelpunkt, sie sind seltener das Herzstück eines Artikels. Denken wir an Prince William, dessen Frau Kate wir bereits kennengelernt haben. Als zukünftiger König ist er nicht unwichtig, in der Berichterstattung aber oft nur Nebendarsteller. Wenn wir von ihm erfahren, dann in Verbindung mit den Frauen in seinem Leben. Er ist der Sohn von Lady Diana, der Enkel der Queen, der Ehemann von Stilikone Kate.

Während die Männer hier einmal nur Randfiguren sind, stehen die Frauen ganz vorn auf der Bühne. Ihre Gesichter, im Triumph oder in der Niederlage fotografiert, sehen uns vom Zeitschriftenregal aus entgegen. Da sind die Modezeitschriften, die Outfits bewerten und alle Infos zum Nachkauf bereithalten. Und da sind die Promimagazine, die Bilder vom verweinten Trennungsgesicht oder vom Betanken eines Autos auf das Titelbild setzen. Das ist wohl auch der Grund, warum wir mehr von berühmten Frauen als von berühmten Männern lesen. Die Hauptthemen Kilos, Kinder und Konkurrentinnen scheinen es vorzugeben.

Auch die klassischen Frauenzeitschriften ersetzen auf ihren Titeln seit den 90er-Jahren immer mehr Models durch andere Berühmtheiten. Mit dem Aufstieg der Supermodels rund um Claudia Schiffer, Naomi Campbell oder Kate Moss zierte kurz eine kleine Riege von Frauen, die Model und Berühmtheit in einem waren, fast jedes Cover. Aber ihre Ära ging zu Ende, über die Gründe wurde viel spekuliert. Legendär ist Linda Evangelistas angeblicher Ausspruch: »Für weniger als 10 000 Dollar am Tag stehen wir gar nicht erst auf.«[41] Er passte gut zu den Gerüchten, die Diven seien selbst den Zeitschriftenverlagen zu divenhaft geworden. Vielleicht stimmte das sogar. Auf der anderen Seite: Man zeige mir eine erfolgreiche Frau, die nicht schon einmal schwierig genannt wurde. Die Zeitschriftentitel eroberten nun Schauspielerinnen wie Julia Roberts oder Demi Moore. Sie sind dort bis heute geblieben. 94 Prozent der Titelbilder der Fitnesszeitschrift *Shape* zeigen prominente Frauen.[42] Vorreiter dieser Entwicklung war das Magazin *InStyle,* das seit seinem Erscheinen 1994 in den USA bewusst auf prominente Frauen auf dem Titel setzte. In Deutschland gab es im gleichen Jahr die Neugründung eines zweiten Promimagazins neben der altbekannten *Bunte,* die *Gala* war geboren. Und auch in der Werbeindustrie finden sich mittlerweile immer mehr Schauspielerinnen und Popstars. Keira Knightley löste Kate Moss als Gesicht für das Parfüm »Coco Mademoiselle« ab, Heike Makatsch wirbt für L'Oréal und Angelina Jolie schloss einen millionenschweren Deal mit Armani ab. Während Jennifer Lawrence bei Dior von Handtaschen über Klamotten bis hin zu Parfüm alles dufte findet.

Der Grund, warum Berühmtheiten die Titelblätter und Anzeigen zieren, scheint klar. Sie verkaufen sich gut. Werbeautor David Summers kennt die Regeln eines erfolgreichen Magazin-Titelbildes: Menschen verkaufen sich besser als Gegenstände, Tiere oder Naturaufnahmen. Berühmtheiten sind besser als Unbekannte, Frauen besser als Männer, lächelnde Frauen noch besser und Nacktheit oder Sex verkaufen sich immer gut. Wenn man sich für Berühmtheiten entschieden hat, sollte man lieber Schauspielerinnen und Popstars statt Politikerinnen oder Sportlerinnen wählen. Richard Stolley, Mitgründer der Promizeitschrift *People,* ergänzte die Kriterien noch um: Jung ist besser als alt (das kennen wir doch irgendwoher), schön ist besser als hässlich (auch schon einmal gehört) und am besten ist eine tote Berühmtheit (nun, so weit wollen wir nicht gehen).[43] Menschen – oder sollten wir sagen: Frauen – scheint man bei Promizeitschriften nicht besonders zu mögen.

Fragen Sie doch mal was zu meiner neuen Handtaschenkollektion

Jennifer Aniston lächelt mit unglaublich weißen Zähnen vom Titelbild, während ihre legendären Haare die Schlagzeile »Mehr Volumen, mehr Power – meine Traumhaare jetzt« umspielen. Daneben streicht sich Jessica Alba über ihre Bauchmuskeln. In der Zeitschrift stehen die beiden Frauen dann den drängenden Fragen der Journalistin Rede und Antwort. Berichte über Prominente haben ihren eigenen Ablaufplan und Interviews mit weiblichen

Promis haben noch einmal ihre ganz eigenen Regeln. Die Fragen sind nicht selten im Vorfeld abgesprochen und der Verlauf sorgsam geplant. Die Berühmtheit ist nicht nur dort, um kluge Antworten zu geben. Sie hat einen Film, ein Album, eine Handtaschenserie oder ein Parfüm an die Frau zu bringen. Die Prominente bekommt so eine Werbefläche, und die Zeitschrift bekommt einen berechenbaren Inhalt, der gut zum Rest passt – oft mit einer Schlagzeile, die nicht zu viel preisgibt, sich aber trotzdem gut auf dem Titel macht (Gwen Stefani: »Ich bin privat durch die Hölle gegangen – aber habe für meine Liebe gekämpft«). In den Beschreibungen menschelt es gern, aber in einer ziemlich künstlichen Form. Wir erfahren alles und doch wieder nichts. Es wird gefragt, was die prominenten Frauen essen und nicht essen (Stars diäten nicht, Stars leben gesund und bewusst), welche Designer sie lieben, wie sie Ehe, Kinder oder das Singledasein meistern (Supermodel Doutzen Kroes: »Ich kämpfe im Leben nur für meine Kinder. Jede Mutter wird zur Wonder Woman, wenn es um den Nachwuchs geht«) oder sich zum Sport motivieren (»sexy Klamotten und ein bisschen Make-up« – Rihanna). Und am Ende sind Autorin und Berühmtheit fast beste Freundinnen. Klingt verdächtig nach meinem Matthias-Schweighöfer-Interview, oder? Szenario zwei des möglichen Prominenteninterviews ist die nicht zu ertragende Zickenpromifrau. Dazwischen existiert nicht viel. Wenn wir manchmal das Gefühl haben, dass wir bereits alle Interviews gelesen haben, liegt es vielleicht daran, dass dies der Fall ist. Denn sie laufen immer gleich ab.

Unsere Faszination für Prominente ist rund hundert Jahre alt. In den 20er-Jahren gab es bereits in beinahe jeder US-amerikanischen Stadt ein Kino. Schauspielerinnen hatten bis zu diesem Zeitpunkt einen eher zweifelhaften Ruf. Bis Kosmetikhersteller Max Factor das Potenzial erkannte, die neuen Filmstars als Werbeträger zu nutzen. Dafür mussten sie allerdings zunächst zu Prominenten werden. Dahinter stand eine einfache Idee: Warum nur Fantasien *im* Kino verkaufen, warum sollten die Leute nicht auch über das glamouröse Leben außerhalb des Zelluloids fantasieren?

Die Rechnung ging auf. Max Factor erfand nicht nur das Wort Make-up neu, sondern steigerte auch seine Umsätze von Jahr zu Jahr. Andere Marken taten es dem Unternehmen nach und nutzen seither die neu erschaffene Hollywoodprominenz, die für jede Frau ein Stück Glanz und Schönheit verspricht. Mithilfe der Werbeaussage, dass 100 Prozent aller weiblichen Hollywoodstars Lux benutzen (die goldenen Zeiten der Werbung ohne Wettbewerbskontrolle), blieb die Seife bis in die 30er-Jahre die meistverkaufte Amerikas.[44] Das waren die Zeiten, in denen Prominenz vor allem glitzerte. In denen strahlend schöne Heldinnen ein Stück über den Frauen schwebten, die die Seife und den Puder kauften, um ein bisschen so zu sein wie sie. Aber schon damals waren Ehen, Scheidungen und Schicksalsschläge immer ein bisschen interessanter als Glamour oder der nächste Film. Das kommt uns bekannt vor. Durchs Schlüsselloch in andere Leben zu schauen, finden wir auch heute spannend. Aber der Alltag, den wir begleiten, wird immer banaler. Wir sehen Fitnessstudiobesuche oder Supermarkteinkäufe, die Seiten wollen schließlich gefüllt werden. Wo es wenig zu sagen gibt, wird trotzdem etwas geschrieben. Das liegt auch an der Flut der Bilder, die betextet werden möchte. Unsere allerliebste natürliche Herzogin Kate hatte im August 2014 eine Fehlgeburt, war schwanger mit Zwillingen und wegen Anorexie in stationärer Behandlung. In dieser Reihenfolge und innerhalb einer Woche – wenn man den Promimagazinen glaubte.

»Ihr Mann, ein Schauspieler, war auch anwesend«

Der Alltag und natürlich auch die Lebenskrisen verlangen geradezu danach, mit dem Weitwinkelobjektiv und ein paar knackigen Schlagzeilen dokumentiert zu werden: Wer ist dicker geworden, wer dünner, wem steht es besser und wer wurde gerade verlassen? Selten ist da mehr als Cellulite und Falten und das, obwohl man sich so gern Sorgen um das gefährlich-niedrige Gewicht oder das entgleisende Leben angesichts des falschen Cocktailkleides macht. Dass die Besorgnis der Magazine nicht echt ist, sieht man schon allein daran, dass sich heute niemand mehr fragt, wie es eigentlich Lindsey Lohan geht.

Dem britischen Blog »The Vagenda« wurde es 2014 zu viel. Die Autorinnen baten ihre Leserinnen, genau diese Schlagzeilen umzuschreiben. Aus den Originalen wie »Schnell hinterher! Homeland-Star Claire Danes lässt alle an ihrer Spitzenfigur teilhaben, als sie im engen Top ihren morgendlichen Lauf durch Los Angeles absolviert« wurde »Frau joggt« (die eigentliche Nachricht, wenn überhaupt). Und »George Clooney angeblich mit seiner sexy-erfolgreichen Anwältin verlobt« dichtete eine Leserin in »Renommierte Menschenrechtsanwältin angeblich mit ergrautem Schauspieler verlobt« um. Ein Jahr später griff die Tagesschau auf ihrer Facebookseite die Neudefinition auf, als sie von einem Treffen der Menschenrechtsanwältin mit Bundeskanzlerin Angela Merkel berichtete. Man las: »Ihr Ehemann, ein Schauspieler, war auch anwesend.« Leider war es nur eine kurze Einsicht, die die Aktion mit sich brachte. *Bunte* glänzte kurz darauf wieder in der Königsdisziplin der Nichtberichterstattung. Mit nur 47 Worten schaffte man es dort, Nacktheit, Optik, Beziehungsanalyse und Babyspekulation zu verbinden, und zwar ohne jegliche Information und ohne das eigene komische Potenzial zu erkennen. Der Text lautete: »Durch das dünne Stöffchen des Oberteils deutlich sichtbar: Statt ihren sexy Kurven sicheren Halt zu geben, sitzt das linke Körbchen unter dem Nippel. Nur verrutscht oder passt der BH vielleicht einfach nicht gut? Letzteres könnte natürlich einen wunderschönen Grund haben: erfüllt sich endlich der Kinderwunsch des Paares?«[45] Drei Jahre nach ihrer Verlobung mit dem Schauspieler zeigte Amal Clooney laut einer Internetschlagzeile der Welt in New York endlich ihren Babybauch. Sie war allerdings dort, um vor den Vereinten Nationen über den IS zu sprechen. Ihren Bauch hätte sie schlecht zu Hause lassen können.

Bodywatch und Bauchpatrouille

Womit wir bei den beiden Königsdisziplinen der Berichterstattung über prominente Frauen wären: Körperbewertung und Baby-Countdown. Berühmte Frauen tragen Kleidung nie einfach nur so. Sich für einen Bikini zu entscheiden, heißt immer, den eigenen Körper zu »präsentieren«. Egal ob man die fünfzehnjährige Sasha Obama ist (»Beach-Babe mit Bodyguards«) oder die 65-jährige Goldie Hawn (»Sie sieht gut aus für ihr Alter, nur der Bikini ist zu jugendlich«). Das Interesse am Körper geht so weit, dass sich diverse Zeitschriften Sorgen um das Gewicht der 3-jährigen Harper Beckham, Tochter von Ex-Spice-Girl Victoria Beckham, machten. »Ist sie nicht ein wenig zu rundlich für ihr Alter?«, fragten die Schlagzeilen. Auch in den folgenden Jahren wird es nicht angenehmer. *Grazia* schaffte es, Michelle Hunziker über drei Seiten ausschließlich zu ihren Essgewohnheiten zu interviewen (»Man muss sich schon zusammenreißen, um nicht vor Neid zu platzen. Dieser Körper – perfekt! Diese Haut – makellos!«).[46] Wir erfahren, der Tag beginnt bei Michelle ohne Frühstück, mit Training auf leeren Magen. Ihr Mann isst derweil Croissants (»Ich weiß nicht, wie er es macht, so schlank zu bleiben«). Abends gibt es ab und zu Nudeln, aber »natürlich nicht mit fetter Soße, sondern Vollkornpasta mit ein bisschen Öl«. Diäten hat Michelle aber nie gemacht, sondern sich immer nur bewusst ernährt, deshalb auch der gute Stoffwechsel. Fragen wir kurz das Lexikon: Eine Diät ist eine Ernährungsweise, die bestimmte Nahrungsmittelgruppen zum Zweck der Gewichtsabnahme ausschließt. Wie steht es also mit Süßem, Michelle? – »Ich esse kaum Zucker, erst recht keinen weißen.« Und Milch? – »Ich liebe Milch, trinke sie aber nicht.« Pizza? – »So lecker sie ist, eine Pizza hat allein schon 1200 Kilokalorien.« Alles klar, sonst noch irgendetwas, was wir wissen müssen, schließlich kann laut Titelblatt jede Frau so aussehen wie Sie? – »Knackig im Bikini auszusehen ist harte Arbeit, das ganze Jahr lang«, aber: »Es gibt keine Problemzonen, für niemanden ...« – Na endlich, jetzt wird es versöhnlich. – »...es gibt nur den Willen, den eigenen Körper zu ändern.« – Danke für das Gespräch.

Am liebsten studiert man am prominenten Körper übrigens die Bäuche: »Zu viel gegessen oder ein Baby?«, ist hier die Frage aller Fragen. Davon kann Jennifer Aniston ein Lied singen. Einst Schauspielerin in zahlreichen romantischen Komödien und einer der beliebtesten Serien der 90er-Jahre, brachte sie vielen Hollywoodstudios (und sich selbst) eine Menge Geld ein, ist aber eigentlich bekannt für ihre perfekten Haare und ihren unerfüllten Kinderwunsch. Bei ihr setzt man schon lange auf das Prinzip der selbsterfüllenden Prophezeiung. Nachdem gefühlte zehn Jahre lang die Hochzeit herbeigeschrieben wurde und diese dann endlich stattfand, ist die Schauspielerin nun in schöner Regelmäßigkeit schwanger. Inzwischen müssten es Kind Nummer 143 und 144 sein. In einem offenen Brief äußerte sie sich mit folgenden Worten: »Um diese Sache ein für alle Mal klarzustellen: Ich bin nicht schwanger. Aber es reicht mir wirklich! Ich habe die Nase voll davon, dass unter dem Deckmantel von Begriffen wie ›Journalismus‹, ›Grundrecht auf Information‹ und ›Promi-News‹ Tag für Tag das Privatleben anderer Menschen genauestens unter die Lupe genommen wird und dass man öffentlich über die Figur der betroffenen Personen diskutiert, als handle es sich dabei um eine Sportart.«[47]

Nach einer tatsächlichen Schwangerschaft folgt der After-Baby-Body-Artikel. Schließlich wurde bereits die neunmonatige Gewichtszunahme dokumentiert (Unwort XXL-Babykugel). Da ist es nur logisch, dass nach der Entbindung die Suche nach den verbliebenen Pfunden zum Wochenbettritual wird. Weil wir uns aber alle selbst mögen sollen, wird gern mit halbherzig-eingewebtem Zeigefinger und Distanz-Anführungszeichen bei den Worten »perfekt« und »dünn« gearbeitet. Um im nächsten Satz zu verkünden: »Das mütterliche Leben dreht sich in den ersten Monaten neben der Kinderbetreuung um den Gedanken, wie die Figur wieder in Form gebracht werden kann.«[48] Dabei ist es das unpassendste Kompliment an eine Frau, die gerade ein Kind bekommen hat, dass sie so aussieht, als wäre nichts passiert. Beklatscht zu werden dafür, wie schnell man es geschafft hat, die Spuren dieses Wunders und der eigenen Biografie wieder verschwinden zu lassen, ist eine ziemlich komische Sache. Und die paar zusätzlichen Kilos sind, ganz nebenbei bemerkt, kein Fashion-Fauxpas, sondern gesammelte Energie für die kommende Zeit mit dem Baby.

Ist das Baby erst einmal da, werden die mütterlichen Qualitäten in der Beziehung wie im Trennungsfall begutachtet. Madonna (die immer noch nicht akzeptiert, dass sie alt ist, obwohl die *Gala* sie mehrfach darauf hingewiesen hat), hat ihren Sohn beispielsweise zurück in die Arme des Vaters getrieben, weil sie zu viele Regeln aufstellte. Ähnlich wie ihre Exbusenfreundin Gwyneth Paltrow, deren Kinder nie Hamburger und immer nur Gluten- und Zuckerfreies bekommen. Auf der gegenüberliegenden, aber genauso falschen Seite der fehlenden mütterlichen Gesamtverantwortung, steht die Göttin der Entspanntheit: Angelina Jolie. Die zu Hause überhaupt keine Regeln aufstellte und das Chaos ausbrechen ließ. Um dann die Scheidung einzureichen, weil der Gatte einmal durchgreifen wollte. Die Drehung von Frau auf Mann zeigt die doppelten Standards oft am schönsten. Die Schlagzeilen, die RTL-Moderatorin Nazan Eckes, ihre Schwangerschaft und ihre Rückkehr in den Moderationsjob begleiteten, hätten auch gut zu Markus Lanz gepasst. Der war auch gerade Vater geworden. Bei ihm machte sich allerdings niemand Sorgen um Kindeswohl oder Karrierechancen.

Vor die Kinder hat der Gott der Prominentenberichterstattung aber das Verpartnern gesetzt. Für Sängerin Taylor Swift, 26 Jahre alt, suchen die Zeitschriften inzwischen intensiv nach der bleibenden Liebe. Schließlich kennen wir ihre diversen Beziehungen zu anderen Prominenten, die sie auch noch in ein paar Liedern verarbeitet hat. Da gilt es, langsam die Notbremse zu ziehen, bevor keiner mehr für sie übrig bleibt. Oder sie keiner mehr will. Gut, dass sie sich laut *Grazia* nun eine »clevere Single-Strategie« ausgedacht hat, mit der sie »jeden Kerl bekommt (der dann auch bleibt)«. Die Redakteurinnen wissen nämlich – vermutlich, weil sie selbst Frauen und ständig auf der Jagd sind –, dass Taylor nur angekündigt hat, nicht mehr daten zu wollen, um ihre Anziehungskraft zu steigern. Das »wirkt wie ein Aphrodisiakum auf Kerle«. Raffiniert. Aber es geht noch weiter mit der Poesiealbum-Psychologie: »Je mehr eine Frau sagt, dass sie keine Beziehung sucht, desto hartnäckiger werden Männer versuchen, die Frau ihrer Wahl vom Gegenteil zu überzeugen. Die Chancen sind also wirklich sehr hoch, dass trotz Dating-Abstinenz bald demnächst Mr. Right vor der Tür steht.«[49] Diesen alten Trick, nämlich sich möglichst rar zu machen, muss man aus den Groschenheften von Hedwig Courths-Mahler haben. Ich kann mir nicht vorstellen, dass der nach 1960 noch mal irgendwo anders gedruckt wurde. Und wir lernen, da dürfen auch die Männer gut zuhören, nein heißt bei Frauen oft eigentlich ja. Egal, was euch diese komischen Feministinnen einreden wollen. Oder die Frau, die gerade Nein sagt. Warten Sie einen Moment, mich gruselt es gerade ein wenig.

Warum es vorher nicht so richtig klappen wollte mit Taylors Männern, erfahren wir übrigens auch. Sie hat zu sehr geklammert. Jaja, auch so sind die Frauen. Und dann wundern sie sich, dabei ist es doch so einfach. Leider hat Taylor aber die Erfolg versprechende Taktik des Sich-tot-Stellens, Klappehaltens und Dem-Mann-die-Führung-Überlassens (generell ein Spitzenbeziehungstipp!) bisher nicht angewandt und sich so zuverlässig immer den Falschen ausgesucht. Selber aussuchen, was gut für sie ist, können Frauen nämlich auch nicht so gut. Dann lieber warten, dass man ausgesucht wird. Und wann kommt er dann, der Märchenprinz, für Taylor und uns alle? Das steht selbstverständlich auch in der Zeitschrift. »Demnächst, ganz bald« ist er da. Hier macht nämlich niemand leere Versprechungen! Und das Warten hat noch einen wunderbaren Nebeneffekt. Wir können uns erst einmal »mit voller Power auf unsere Karriere konzentrieren«. Das ist übrigens das, was Männer sowieso machen, weil sie weniger von diesem Mist erzählt bekommen. Schade, dass *Grazia* mit ihren eigenen Tipps bei genau diesen Männern so wenig freigebig ist. Da hätte sie zum Beispiel Christian (auch 26) helfen können, den wir in der gleichen Ausgabe treffen. In einem erschütternden Selbstbericht erklärt der arme Mann, er habe die Erfahrung gemacht, »dass die meisten Frauen oft nichts Festes suchen«. Mensch Christian, die tun doch alle nur so! Frauen meinen doch nie das, was sie sagen. Aber Christian hat im Gegensatz zu Taylor Swift ja auch noch ein wenig Zeit, sich zu binden. Er wird zwar auch in vier Jahren bereits dreißig, aber er ist eben ein Mann.

Wie George Clooney oder Hugh Grant, um zu den prominenten Exemplaren zurückzukehren, die sich jahrelang als einsame Wölfe durchs Leben schlagen durften, ohne dass jemand sich Sorgen machte. George bewies fast zehn Jahre lang nur gegenüber Hausschwein Max seine einzige Emotionalität, und dessen Tod 2006 brach ihm das Herz. Sie sind eben vom Mars und von der Venus, Frauen und Männer. Da hat Leonardo DiCaprio auch mit

42 Jahren noch alle Zeit der Welt, sich durch die langbeinige, immer jünger werdende Supermodelriege zu daten, bevor es für ihn Zeit wird, sesshaft zu werden. Aber Taylor, die sollte sich beeilen und endlich die richtige Strategie anwenden.

Über prominente Frauen zu berichten, ohne ihren Beziehungsstatus, ihr Alter oder ihre Kleidergröße zu nennen, wäre ein schöner Anfang. Fragen zu Gewicht, Ernährung oder Körpergefühl werden ihnen aber mit einer Selbstverständlichkeit gestellt, als hätten wir alle ein Recht auf Auskunft. Teil des abendlichen Plauschs in einer US-Talkshow ist es dann, Gwyneth Paltrow zum Zustand ihrer Intimbehaarung zu befragen. Das Video mit der errötenden Paltrow, die verschämt einräumte, einen »70er-Jahre-Vibe« zu bevorzugen, macht im Anschluss ja auch nur noch ein paar Jahre auf YouTube die Runde. Stattdessen könnten wir Gwyneth oder Barbara Schöneberger doch einmal fragen, wie sie Verhandlungen führen. Auch wenn sich einzelne Geschichten mit ihren Filmen, Alben und Fernsehshows beschäftigen, treten berühmte Frauen nämlich selten als die Unternehmerinnen auf, die sie tatsächlich sind. Das Einzige, was für sie abfällt, ist der Begriff Powerfrau. Dabei würde niemand jemals Powermann sagen. Als würde Durchsetzungsstärke nicht zu Frauen passen und müsste daher extra genannt werden. Deshalb kommt an dieser Stelle ein kleiner Aufruf: Lassen Sie uns netter zu Prominenten sein. Versuchen wir, weniger über ihre Kilokämpfe und Trennungsschmerzen zu klicken und zu lesen. Ich weiß, ich weiß, das ist nicht immer leicht. Der Finger zuckt bei mir auch viel zu häufig in die falsche Richtung und *schwupps* ist man am Ende der Bildstrecke. Nur, mithilfe von Prominenten reden die Zeitschriften auch über uns, über das, was man so tun sollte und was eher nicht – zumindest nicht ohne Naserümpfen. Deshalb wären wir automatisch auch ein bisschen netter zu uns selbst, wenn wir netter zu Prominenten wären. Klatsch und Tratsch zeigt uns immer auch ein wenig unser aller Regeln. Schon Pippi

Langstrumpf wusste aber: Regeln sind doof, und am besten macht man sich sowieso seine eigenen. Und die musste sich noch nicht einmal Gedanken über Pizzakalorien, einen perfekten Bauch oder faltenfreie Haut machen.

Eine Runde Freundlichkeit für die Prominenten ist aber nur eine Seite der Medaille. Wir alle stricken zwar ein wenig am Starkult mit, aber die Prominenten befeuern ihn natürlich auch selbst. Und weibliche Prominente haben einen besonders großen Einfluss auf unsere Vorstellungen von Gesundheit, Ernährung und Schönheit. Wie sich Prominente vermarkten und darstellen, bestimmt auch immer ein wenig die Ideen in unseren Köpfen. Die Ideen davon, was man tun sollte, um gesund zu sein, wie wir uns selbst und unseren Körper einschätzen, welche Dinge wir gern besitzen würden und sogar manchmal, welche Vorstellungen wir von Erfolg haben. Mädchen zwischen zehn und zwölf Jahren nennen heute häufiger Schauspielerin, Sängerin oder Topmodel als Berufswunsch als noch vor 20 Jahren. (Bei Jungen ist es der Fußballprofi.[50]) Und für uns Erwachsene sind es Säfte, Detox- und Entgiftungskuren, wunderliche Workouts und eine Wagenladung an Schönheits- und Anti-Aging-Produkten, die sich einer gestiegenen Popularität erfreuen, weil Prominente sie populär machen. Dabei sollten wir den Einfluss nicht unterschätzen, den ihre Versprechen auf unsere Vorlieben haben. Schließlich werden Millionen von Euro bezahlt, um diese Produkte in unsere Köpfe zu pflanzen.

Facebook, Instagram und Co. spielen hier eine wichtige Rolle. Sie bringen uns die Prominenten jeden Tag ein Stückchen näher. Oft zusammen mit Bildern, die auch das neue Superwasser, den Detox-Tee oder die besten Workoutschuhe zeigen. Und die sozialen Medien bringen selbst Stars hervor, die berühmt dafür sind, wie sie sich ernähren oder ihren Körper formen. Das sind dann scheinbar ganz normale Mädchen und Jungs, die sich irgendwann vor eine Kamera gesetzt haben (selbstverständlich nur so aus Spaß) und nun mit Schützenhilfe einer milliardenschweren Industrie ihren 800 000 Followern erklären, dass Proteine wie Säure auf unsere Knochen wirken. (Zitat der hierzu befragten Ernährungswissenschaftlerin: »Ich weiß gar nicht, wo ich anfangen soll. Das widerspricht so ziemlich allem, was wir aus wissenschaftlicher Sicht über Ernährung wissen.«[51])

Im Grunde genommen könnte man das Verbreiten von Ernährungsleitlinien als einen ganz alten Hut bezeichnen. Was man seinem Körper zuführen darf und was nicht, war schon immer Teil einer Kultur. Kaum eine Religion kommt schließlich ohne Nahrungsverbote aus. Neue Ideen, was die Bedeutung von Essen betrifft, sind also keine neue Erfindung. Und sicher ist auch die Vorstellung, dass alles, was wir unserem Körper geben, einen direkten Einfluss auf ihn hat, älter als Paleo oder Raw Vegan. Heute scheint es aber beinahe undenkbar, dass irgendetwas, das wir essen, folgenlos bleiben könnte. Ernährungsfragen sind nicht mehr nur Fragen zur Ernährung, sondern sagen auch etwas über unseren gesamten Lebensstil aus, sie definieren unsere Persönlichkeit. Welches einzelne Lebensmittel aber gut oder schlecht ist, lässt sich gar nicht so einfach herausfinden. Scheint doch beinahe jedes von ihnen wahlweise schon einmal schwere Krankheiten ausgelöst oder vor ihnen geschützt zu haben. Die Erkenntnisse der Ernährungswissenschaft sind widersprüchlich und werden gern postwendend zu Schlagzeilen verarbeitet. Dann machen Nudeln doch nicht dick und Calcium stärkt nicht die Knochen. Aber Kaffee darf man wieder trinken. Es ist also wieder einmal alles ziemlich komplex. Was aber wofür verantwortlich ist, ist nicht so leicht festzulegen, wie es YouTuberinnen in ihrer Ernährungsberatung tun – siehe oben.

Und gerade weil der Spielraum der Theorien und neuen Ideen bei Ernährungsfragen so groß ist, bieten sie sich so gut für Projektionen und neue Produkte an. Ich kenne das gut von mir selbst. Wenn man einmal beginnt, sich über den eigenen Stoffwechsel und bestimmte Lebensmittel, die ihn schädigen könnten, Gedanken zu machen, wird man automatisch sensibler. Man wird zum eigenen Versuchskaninchen und probiert munter aus. Einzelnen kleinen Veränderungen kommt dann auf einmal eine größere Bedeutung zu. »Hatte ich nicht Kopfschmerzen nach dem hellen Brot?«, fragt man sich. Oder: »Ging es mir nicht besser, als ich das Fleisch weggelassen habe und waren das Blähungen nach dem Latte macchiato?«

Das soll nicht heißen, dass es keine Nahrungsmittelunverträglichkeiten gibt und es für die Betroffenen eine große Erleichterung ist, wenn diese diagnostiziert werden. Aber die Zahl derer, die darunter leiden, ist bedeutend kleiner als die Zahl derer, die sich so manches versagen. Es ist trotzdem und nicht nur deswegen ein ziemliches Minenfeld, in das man sich begibt, sobald man beginnt, über Essen zu reden. Dabei sollte es eigentlich nur eine Frage des Geschmacks sein. Aber es wird gern gestritten. Dann wirft man sich alarmierende Statistiken um die Ohren und argumentiert mit düsteren Zukunftsszenarien. Essen ist Lifestyle, und wir bewegen uns von einer Sensibilisierung für Ernährung, die grundsätzlich gut ist, zu einer Angst, auch hier etwas falsch zu machen. Dass etwas gut schmeckt, ist schon lange nicht mehr der einzige Maßstab. »Gutes Essen« soll uns auch zu einem gesunden und besseren Menschen machen. Auch durch unsere Ernährung können wir uns so Stück für Stück optimieren. Mithilfe von Essen denken wir über uns selbst nach, über unsere Identität. Und weil das alles ziemlich kompliziert ist, es Belege für dieses und jenes gibt und deshalb viel gezweifelt wird, wenn es um die richtige Ernährung geht, scheint es ein guter Ausweg, sich einfach mit Haut und Haar für einen Ernährungsstil zu entscheiden. Und diesen dann selbstverständlich gegen alle Widerstände zu verteidigen. Eine Ernährungsumstellung verspricht schließlich einen kleinen mystischen Neustart, eine Mini-Wiedergeburt mit neuen Chancen. Inklusive der Möglichkeit, dieses Mal auf der richtigen Seite zu stehen, sich selbst gefunden zu haben, nun ungeahnte Kräfte freizusetzen und endlich sicher zu sein, dass man die Weichen für die eigene Gesundheit richtig gestellt hat. So werden wir nicht selten zu Missionaren, die andere bekehren wollen. Oder mindestens für sich in Anspruch nehmen, das Gute und Richtige gefunden zu haben. Bestätigung für den eigenen Lebensstil lässt sich leicht finden. In unzähligen YouTube-Videos, Büchern und bei Prominenten.

Die verkaufen uns gern ihre Geheimnisse wie Cleansing und Detoxing, mit denen wir postwendend glücklicher, gesünder und lebensfroher werden. Die Versprechen klingen immer etwas abgehoben. Aber, seien wir ehrlich, es klingt auf jeden Fall besser als wir uns normalerweise im Trott von Acht-Stunden-Tagen fühlen. Also ist es ganz verständlich, dass wir einen zweiten Blick riskieren. Der Entgiftungstrend beruht dabei auf der gleichen Idee wie Ernährungsumstellungen: Es wird höchste Zeit, unsere Körper einmal sauber zu schrubben, denn wir essen jeden Tag wahnsinnig viel Müll und unsere moderne Welt enthält unglaublich viele Gifte und Gefahren. Nun, zunächst würde so ziemlich allen unseren Vorfahren bei dieser Vorstellung der Mund offen stehen bleiben (hallo Ur-Ur-Ur-Ur-Ur-Ur-Ur-Großmutter mit einer Lebenserwartung von 37 Jahren). Trotzdem findet Gwyneth Paltrow zum Beispiel ein wunderbar einleuchtendes Bild, um uns die Notwendigkeit einer Entgiftung nahezubringen: »Wenn man zu Hause den Müll nicht regelmäßig rausbringt, wird es irgendwann unerträglich.« (Das kennen nicht nur alle, die jemals wegen durch Schlafmangel bedingter Unlust mit einem vollen Windeleimer zu lange in einem Raum waren.) Es klingt also zunächst logisch, was Gwyneth sagt. Wir könnten uns aber auch fragen: »Wer hat denn eigentlich den Müll rausgebracht, bevor Gwyneth ihre Super-Cleansing-Kur erfand?« Die Antwort:

»Unsere Niere, Leber, Haut und unser Darm.« Und hey, das machen die heute auch noch. Gute Nachrichten, denn wenn wir auf die Toilette gehen, wird jedes Mal ordentlich gedetoxt. Gifte machen es sich nämlich normalerweise nicht in unserem Körper bequem und warten darauf, dass irgendwelche Zaubermittel oder Superlebensmittel sie wieder rausschmeißen. Deswegen ist die Antwort auf die Frage: »Müssen unsere Körper entgiftet werden, wie es uns die Prominentenkuren nahelegen?«, eine ganz einfache. Sie lautet nein.

Trotzdem verkaufen sich die Wundermittel ziemlich gut, wenn Prominente ihr Gesicht darauf abbilden lassen. Auch das ist wieder irgendwie logisch. Wir haben schließlich alle eine Menge Stress und sehen trotzdem nicht immer so super aus wie die Stars auf dem roten Teppich. Und die haben schließlich ein noch hektischeres Leben. Deshalb haben die Ernährungsvorschläge und Kuren immer den Zusatznutzen, dass wir schön, schlank *und* entspannt werden. Eine ausgewogene und gesunde Ernährung kann übrigens tatsächlich unser Stresslevel reduzieren. Und mit gesunder Ernährung meinen die Wissenschaftler den Klassiker, den wir eigentlich alle kennen: Fleisch, Fett und Zucker in Maßen, mehr Gemüse, bisschen mehr Obst, möglichst frisch, möglichst wenig vorbehandelt. Leider kann man damit aber nicht zum Millionär werden. Gesunder Menschenverstand funktioniert bei Ernährungshypes selten, es muss schon etwas exotisch Neues sein. Doch zurück zum Stress, auch der lässt sich durch eine ausgewogene Ernährung vermutlich reduzieren. Aber großer Stress, gemessen in höheren Cortisolwerten, kann uns auch dazu bringen, nicht ausgewogen zu essen. Eine richtig gute Idee wäre es also, die Ursachen des eigenen Stresses anzugehen und nicht nur dagegen anzuessen und anzuentgiften. Also sorry, liebe Prominente mit den Superkuren. Ihr seid raus. Stress macht es uns nämlich auch, ständig darüber zu lesen, was ihr alles Richtiges esst, cremt und workoutet. Und was wir dementsprechend wieder alles nicht ganz so richtig machen. Den letzten großen Stress hatte ich übrigens, als ich versuchte, meine Brüste loszuwerden. Das hatte nichts mit Detox, aber dafür mit Trends in der Damenoberbekleidung zu tun – und gehört damit ins nächste Kapitel.

HEUTE EINE MEERJUNGFRAU!
ODER EIN HÄSCHEN?

Mode hat keinen Humor, Mode meint es ernst

Ich wollte eigentlich nicht zurückblicken. Ich wollte nur möglichst schnell wieder hinaus. Aus der Dessousabteilung von H&M verschwinden, so rasch es nur ging. Bevor noch jemand etwas bemerkte. Aber in meinen Rücken bohrte sich ein stechender Blick, dem ich nicht ausweichen konnte. Also drehte ich mich langsam noch ein letztes Mal um und sah sie an. Sie schauten so traurig aus der Wäsche, dass ich mir ein paar letzte Worte nicht verkneifen konnte. Erst ein paar Minuten vorher hatte ich sie hinter mir gelassen, versteckt in einem Push-up-BH. »Es tut mir leid«, sagte ich mit leiser Stimme. »Ich weiß, wir haben gute Zeiten miteinander gehabt. Ich habe euch so herbeigesehnt und immer mit Stolz getragen. Aber es ist vorbei, schaut doch hier.« Ich nestelte eine Zeitschrift aus der Tasche und tippte auf die Schlagzeile in Rot. Neben Natalie Portmans schüchternem Dekolleté prangten die Worte: »Die Oberweite ist tot. Kleine Brüste sind das IT-Piece der Saison.«

Jetzt, wo ich wusste, was es modetechnisch diesen Frühling geschlagen hatte, musste ich sie einfach loswerden: meine großen Brüste. Nicht auszudenken, was passieren würde, wenn ich morgen im Büro mit meinem unmodischen Fashion-Accessoire aufgetaucht wäre: »Große Brüste stehen nicht nur für eine sexuelle Befreiung, die wir nicht mehr nötig haben«, stand schließlich in dem Artikel, »sondern werden im Job manchmal sogar als unprofessionell wahrgenommen.« Ich winkte kaum merklich mit der Hand zum Abschied und drehte mich um. Der Gedanke, dass ich ihnen in den Push-up-BHs (Conscious Collection, nur nachhaltige

Biobaumwolle) ein gutes neues Zuhause geschaffen hatte, tröstete mich ein wenig. Leider wurde in dem Artikel nicht erklärt, wo ich meine alten Brüste entsorgen könnte, aber dort würden sie es gut haben. Und ruhig. Denn wer würde jetzt noch Push-ups kaufen, wo gerade das Ende der Oberweite ausgerufen wurde?

Unter Umständen würde unsere Trennung auch gar nicht von Dauer sein. Ich hatte es vermieden, ihnen falsche Hoffnungen zu machen, aber der Artikel begann mit dem Satz: »Üppige Dekolletés machen eine wohlverdiente *Pause.*« – »Vielleicht würden sich unsere Wege irgendwann wieder kreuzen«, überlegte ich, als ich schnellen Schrittes Richtung Zara steuerte. Bei H&M hatten sie sie leider noch nicht vorrätig, eventuell würde ich aber woanders schon Glück haben. Ich brauchte jetzt schließlich ein neues Paar Brüste, in Körbchengröße A.

Irgendwann saßen sie vermutlich zusammen, die Redakteurinnen der Modezeitschriften und Fashion Departments, und moserten ein wenig vor sich hin. Vorbei waren die Zeiten, in denen sie allein es waren, die exklusiv die neuen Trends ausriefen. Noch vor zehn Jahren war das anders, wie im Film *Der Teufel trägt Prada* zu sehen: In ihrer legendären Rolle als Miranda Priestly, Chefredakteurin der Modebibel *Runway*, erklärt Meryl Streep der mausgrauen Anne Hathaway, dass es ganz egal sei, ob *sie* das Gefühl habe, Mode würde eine Bedeutung für ihr Leben haben. »Sie gehen einfach an ihren Schrank und greifen sich diesen plumpen blauen Pullover, um der Welt zu zeigen, dass Ihnen Ihr Äußeres nicht so wichtig ist wie Ihre Persönlichkeit«, beginnt Streeps Monolog. »Aber was Sie nicht wissen, ist, dass dieser Pullover nicht blau ist und auch nicht türkis, er ist azur. Und Sie haben nicht den blassesten Schimmer davon, dass Oscar de la Renta 2002 azurblaue Abendkleider entworfen hat. Und plötzlich tauchte Azur in den Kollektionen von acht verschiedenen Designern auf, sickerte anschließend zu den gewöhnlichen Kaufhäusern durch und fand sein tragisches Ende in der Feinstrickabteilung. Aus dessen Wühltisch Sie es dann gefischt haben. (…) Es grenzt fast an Komik, dass Sie tatsächlich der Meinung sind, sich der Modewelt entziehen zu können und das, obwohl Sie einen Pullover tragen, der von den Menschen in diesem Raum für Sie ausgewählt wurde.« Oha, das saß.

Die Verbindung zwischen Zeitschriften und der Modebranche ist ähnlich eng wie die zwischen unseren Lieblingsmagazinen und den Kosmetikfirmen. Auch Modeunternehmen schalten Anzeigen und wollen ihre Produkte präsentieren. Und wir sollen sie kaufen. Schon einmal einen Sommer lang in Wallerröcke investiert und ein Jahr später waren kurze Kleider das »Must Buy der Saison«? Modemagazine wie die *Vogue* setzen Trends in verschiedensten Bereichen. Anna Wintour, legendäre Chefredakteurin, erkannte als eine der ersten die Entwicklung weg von Models hin zu Schauspielerinnen, von der wir im letzten Kapitel gehört haben. Als für die meisten Zeitschriften eine Schauspielerin noch kein Modelmaterial (wie unsere Heidi sagen würde) für Designermode war, setzte sie Kim Basinger und Winona Ryder in die Fotostrecken und auf den Titel. Heute sind es aber nicht mehr die Mode- und Frauenzeitschriften allein, die uns erklären, welcher Blauton die nächste Farbe der Saison sein wird. Modeblogs, Instagramer und YouTuberinnen mischen ebenfalls mit und verändern nicht selten die Spielregeln des Geschäfts. Mit ihren Versprechen von Echtheit und Unmittelbarkeit scheinen sie fast die perfekteren Modebotschafterinnen zu sein. Beste Freundinnen aus dem Internet, deren Ratschlag man noch lieber glaubt. Also entscheiden nun sie, ob es azurblau oder mintgrün ist, was wir im nächsten Frühling in unserem Kleiderschrank vermissen? Nicht ganz.

Das Zeitalter der Jogginghose

Die Frage, ob etwas in Mode kommt oder nicht, stellt sich nicht erst, wenn eine Moderedakteurin auswählt, was der nächste Trend sein könnte. Denn wie kommen genau diese Mäntel, Jacken und Hosen auf die Kleiderstange? Meryl Streep alias Miranda Priestly hatte nicht unrecht. Es gibt die großen Designer, es gibt die Fashion Weeks und Modenschauen. Sie setzen Trends, die dann eventuell zu uns in die Kaufhäuser und Ketten durchsickern. Dann kommt die Mode sozusagen von oben. Und es gibt eine Armada an Scouts und Fotografen, die in den Clubs und auf den Straßen nach neuen Inspirationen suchen. Dann wandern die Ideen von unten nach oben, und irgendwann sind es nicht mehr nur die heißesten Gäste in einem Berliner Club, die wieder Schlaghosen tragen, sondern wir alle. Neben diesen beiden Varianten gibt es noch Trendagenturen: WGSN, das World Global Style Network, F-trend, Promostyl oder Stylus. Noch nie davon gehört? Das mag daran liegen, dass wir keine Zehntausende von Euro haben, die wir diesen Firmen bezahlen können, um Zugriff auf ihre exklusiven Datenbanken zu haben. Wir sind eben nicht Nike oder H&M, um nur zwei der vielen weltweit agierenden Unternehmen zu nennen, die sich diese Dienste leisten.

Solche Trendagenturen sammeln Informationen, sehr, sehr viele Informationen aus allen möglichen Quellen: von Straßenfotografen, aber auch aus Bereichen, die auf den ersten Blick nicht viel mit Mode zu tun haben. Dann leiten sie daraus Vorhersagen ab. Da in den nächsten Jahren immer mehr Menschen von zu Hause aus arbeiten werden (so die Vorhersagen der Arbeitsforscher), ging WGSN zum Beispiel davon aus, dass bequeme Kleidung ein Comeback feiern wird, nur ein wenig anders. In der nächsten Saison, hieß es, würden wir eine Art schicke Jogginghose brauchen, die man zu Hause, aber auch bei einem Termin oder einem Date tragen kann. Da lagen sie nicht ganz falsch. Wer sich durch Modestrecken blättert, kennt die Beispiele. Für 2018 sagt die Kristallkugel der Trendexperten übrigens Kleidung voraus, die immer weniger von Jahreszeiten abhängig sein wird. Vorbei ist es angeblich mit dem braun-grau-blauen Einheitsbrei im Herbst und Winter. Weil wir alle mobiler sind und mehr reisen, brauchen wir nun das ganze Jahr über Kleidung für alle Witterungen, meinen die Trendforscher. Die könnte dann »exotisch und bunt« aussehen »mit großflächigen Drucken, die digitalisierte Naturaufnahmen mit psychedelischer Camouflage und Elementen wie Pfauenfedern mischen«.[52] Außerdem werden die Grenzen zwischen Frauen- und Männerkleidung immer mehr verschwimmen, mehr recycelte Materialien benutzt und die Jogginghose bleibt uns auch erhalten (nimm das, Karl Lagerfeld, der einst sagte: »Wer eine Jogginghose trägt, hat die Kontrolle über sein Leben verloren.«) In Zukunft könnte sich in ihren Fasern zusätzlich noch die ein oder andere Technik verstecken, die uns zum Beispiel sagt, wie es gerade um unsere Vitalwerte bestellt ist, oder irgendwann sogar Funktionen unseres Smartphones ersetzt.

Trendagenturen sagen aber nicht nur die Modezukunft voraus. Sie bieten noch mehr. Zahlende Kunden können sich bei WGSN durch über 70 000 Vorlagen und Bildergalerien klicken.[53] Ein Designer von Zara, H&M oder Mango kann so, ähnlich wie wir in einem Onlineshop, in dem wir uns ein T-Shirt drucken lassen, Schritt für Schritt eine Idee entwickeln. Nur, dass seine Auswahl ein wenig größer ist. Per Klick geht es durch Stoffe und Texturen, Farben und Muster, die demnächst das Ziel unserer Begierde sein könnten. Klingt total praktisch? Ist es auch. Und könnte der Grund dafür sein, dass die Schaufenster der großen Modeketten manchmal ziemlich gleich aussehen. WGSN-Gründer Marc Worth sprach in einem Interview genau deswegen von einem Monster, das er erschaffen habe, verkaufte seine alte Firma und gründete eine neue: ohne die Vorlagen.[54]

Aber egal, ob mit Blaupausen oder kreativ vom weißen Blatt – ist das Angebot für die kommenden Trends erst einmal produziert, muss es zu uns. Zu denen, die es kaufen sollen. Genau hier kommen wieder die Frauen- und Modezeitschriften ins Spiel. Wer sich die Oktober-Titelseiten von *Maxi, Glamour, InStyle* oder *Joy* ansieht, findet elf neue Trendteile, die wirklich sein müssen (»Rein in den Schrank!«), neun Basics cool gestylt (»Was Anziehen, wenn man nichts zum Anziehen hat?«), hundert Trendteile für den Herbst (»So gut angezogen!«) und 87 Schuhe (»die wir jetzt wollen«), ergänzt um achtzig der wirklich neuesten Modelle (»Die große Schuhverlosung«). Da klingt der Werbeslogan der *Maxi* (»Lieber Fashion statt Victim«) ein bisschen wie Hohn. Und wir könnten eigentlich gleich eine Ausgabe des Handwerkermagazins *selber machen* mit in den Wagen legen. Denn wir müssen offensichtlich anbauen.

Eine Modestrecke anzuschauen ist ein bisschen wie der Besuch bei einer oberflächlichen, aber amüsanten Bekannten. Während sie uns aufgeregt zeigt, wo wir überall in ihrer Wohnung hinschauen sollen (hier die aktuellen Vorhänge, das Sofa ist neu und für die Arbeitsfläche in der Küche hat sie auch ein bisschen mehr ausgegeben), haben wir einen ganz guten Nachmittag. Aber wir würden uns mit ihr keine Wohnung teilen. »Sind die Preise ernst gemeint?«, fragt sich zudem die eine oder andere, während sie sich durch Kleider und Handtaschen blättert. Aber schon Coco Chanel wusste: »Das Schönste im Leben ist kostenlos. Das Zweitschönste aber ist ziemlich teuer.« Und wer eine echte Sex-and-the-City-Carrie-Bradshaw ist, findet nichts dabei, ihr Vermögen da zu haben, wo sie es sehen kann: in ihrem Kleiderschrank. Für die Käuferin, die sich keine 800-Euro-Lederjacke gönnt, haben die großen Designer außerdem immer Alternativen im Angebot. Den ultimativen Glamoureffekt im eigenen Leben kann man sich auch mit ihrem Parfüm kaufen.

Mode ist Fantasie, Träumerei und auch ein bisschen Realitätsflucht. Deshalb finden wir keine Schlagzeilen à la: »Die fünf glamourösesten Kaschmirpullover, die du nur einmal tragen wirst, weil du zu faul bist, sie danach in die Reinigung zu bringen.« Entspannt soll Mode sein, leicht, ein Spiel. Volants versprechen den größten »Fashion-Spaß des letzten Sommers auch im Winter« (Yippie Ya Yeah!), und lachend geht es weiter mit »Boots, mit denen man sogar im Blümchenkleid durch den Schnee laufen kann« oder mit Lurex, das so fantastisch in Rubinrot leuchtet, dass wir ganz schnell vergessen, wie stark wir darin schwitzen (vermutlich der Grund, wieso es seit den 70ern niemand mehr trägt). Und überlange Hosen sind leider unpraktisch, aber auch »unübersehbar, da braucht man dann nicht mehr viel Budget für die restlichen Klamotten«. (Tanja, 24, berichtet enttäuscht: Vierhundert Euro für die Hose bei Céline gelassen und keiner schaute auf meinen eingedreckten Saum! Nur weil ich oben ohne war.)

Fazit: Mode in Frauenzeitschriften ist meistens sehr gut drauf. Und dass, obwohl die Models immer so mürrisch gucken. Die spanische Künstlerin Yolanda Dominguez setzte Achtjährige vor Anzeigen großer Modehäuser und fragte sie nach ihren Eindrücken. Die Kleinen hielten die männlichen Models für glücklich und stark. Vielleicht waren sie von Beruf Chef oder Superman, mutmaßten die Kinder. Die Frauen sahen sie in den typischen Posen auf Modefotos, seitlich oder von oben aufgenommen mit gesenktem Blick, den Körper nicht selten komisch verdreht. Die Kinder beschrieben sie als traurig, einsam oder verängstigt. Auf sie wirkten die Models betrunken, »als würden sie sich gleich übergeben müssen«.[55] Mode mag meistens gute Laune haben. Dass Luxus und Glamour aber mit solchen Bildern von Frauen beworben wird, ist keine besonders spaßige Angelegenheit.

Auch nichts anzuziehen?

Zirka sechzig Kleidungsstücke haben Frauen zwischen achtzehn und vierzig im Schrank, fand Greenpeace bei einer Befragung heraus. 130 Euro lassen sie sich Kleider, Schuhe oder Handtaschen durchschnittlich im Monat kosten.[56] Männer hat Greenpeace nicht befragt. Aber das Statistische Bundesamt sagt, dass die Ausgaben für Damenbekleidung ungefähr doppelt so hoch sind wie die für Herrenbekleidung.[57] Weil Frauen eben so sind, oder? Nun ja, eigentlich macht sich jeder Gedanken ums eigene Aussehen: Männer wie Frauen, jung wie alt, oberflächlich wie tiefsinnig. Ab dem Moment, an dem wir anfangen, unsere Zähne zu putzen, die Haare zu kämmen und später selbst dafür zu sorgen, dass die Knitterfalten in unserem Outfit nicht zu offensichtlich sind, sind wir dabei. Ein Großteil unserer Interaktion beruht eben auf flüchtigen Momenten und schnellen Eindrücken voneinander. Und da wollen alle überzeugen. Trotzdem gibt es einen feinen und nicht ganz kleinen Unterschied zwischen einem Interesse am eigenen Erscheinungsbild und der Notwendigkeit, den Kleiderschrank mit hundert neuen Basics zu füllen (ja, ich rede mit DIR, Oktober-Ausgabe der *Glamour*). Und dennoch kennen wir es, das Gefühl, vor einem vollen Kleiderschrank zu stehen und zu sagen: »Ich habe nichts anzuziehen!« Dabei sehen wir natürlich die ganzen Hosen, Röcke und Oberteile, die dort hängen. Aber die Sache verhält sich so: Wenn wir sagen, dass wir nichts anzuziehen haben, meinen wir nicht wirklich das. Wir meinen eher: »Ich habe nichts anzuziehen für die Person, die ich heute sein will – oder sein muss.« Weil uns im Interesse einer millionenschweren Modebranche von Anfang an eines erzählt wird: Wie wir aussehen ist wichtig, wie wir uns kleiden ist ein Türöffner oder Türschließer. Und zwar in jeder Situation. Überlegen wir kurz mit welchen Wörtern die Kleidung von Frauen beschrieben wird: elegant, feminin, sexy, aufreizend. Und wie beschreiben wir den Stil von Männern? Casual, klassisch oder business vielleicht, wenn er Hemd oder Anzug trägt? Und ansonsten irgendwas mit Hose und T-Shirt. Auf jeden Fall sprechen wir seltener mit Worten, die sofort ein bestimmtes Bild von Männlichkeit in unserem Kopf entstehen lassen oder sogar moralische Bewertungen beinhalten, siehe elegant vs. aufreizend.

Sind Männer klüger, weil sie morgens aufstehen, eine Hose anziehen und loslegen? Nein, denn Frauen denken aus einem einfachen Grund mehr über ihr Äußeres nach: Weil es tatsächlich wichtig ist. Weil wir lesen: Wenn dich der Kollege im Meeting immer unterbricht, ist der Grund vielleicht, dass du das Powerdressing nicht beherrschst? Wenn du von den falschen Männern angegraben wirst, liegt es womöglich an deiner Kleiderwahl? Ein australisches Gericht fand 2008, der Angeklagte sei der Vergewaltigung nicht schuldig. Die Skinny Jeans des Opfers seien zu eng gewesen, als dass der Mann sie allein hätte ausziehen können.[58] Ich glaube, das ist auch ein Grund, wieso wir manchmal etwas länger vor dem Kleiderschrank brauchen. Weil wir überlegen, wie dieses Kleidungsstück unseren Tag, vielleicht sogar unser Leben, beeinflussen könnte. Wir fragen uns: Habe ich etwas im Schrank für die Person, die ich heute sein möchte oder sein sollte?

Währenddessen dreht sich das Modekarussell immer weiter. Kaum hat man sich umgedreht, sind »Gürteltaschen die neuen Clutches«, »Schnabelschuhe die neuen Turnschuhe« und »Zirkusjacken die neuen Parkas«.[59] Die Zeitschriften wissen: Da muss man ständig am Ball bleiben. Nur so können wir sicher sein, uns jederzeit schön, stark und cool zu fühlen. Indem wir das Richtige und nur die wirklich coolen Klamotten kaufen. Die, die von den richtigen Leuten verstanden werden. Individuell sein dürfen wir natürlich auch, müssen wir sogar ein bisschen. Aber auch hier sollten die Sachen aus den richtigen Quellen kommen. Und ein Vintage-IT-Piece als Beweis unseres Kennertums kann auch nicht schaden. Seit wir Kinder waren, wissen wir: Nichts ist weniger lustig als Regeln.

Aber Regeln gibt es in der Modeberichterstattung leider eine ganze Menge. Es geht schon damit los, dass nicht jede Mode für jede Frau passt. Egal, was die Frau vielleicht denkt. Womit wir bei der Frage wären: Nach welchem Obst muss ich denn meine Einkaufstour ausrichten?

Birne oder Kiwi?

Sind Sie klein und eher knubbelig, haben eine Weile die Beine nicht rasiert und sind gerade frisch aus dem Sommerurlaub gekommen mit ihrer sonnengebräunten Haut? Dann sind Sie vermutlich eine Kiwi. O. k., das habe ich mir ausgedacht. Diese obstige Körperform gibt es gar nicht. Dafür gibt es aber die Birne (am besten natürlich frisch aus der Obstschale). Das ist die am häufigsten vorkommende Körperform deutscher Frauen in der Kategorie »Anziehen nach Figurtyp«. Eine Birne zu sein bedeutet, dass unser Körperfett vermehrt an Hüften und Oberschenkeln gespeichert wird. Unsere Taille ist schmaler als unsere Hüften. Dann sehen wir in lockeren Tops am besten aus, die zuverlässig unsere voluminöseren 50 Prozent ausbalancieren. Alternativ könnten wir uns auch angewöhnen, nur noch auf den Händen zu laufen. Umgedreht stimmen unsere Proportionen nämlich wieder. (Ich empfehle in diesem Fall allerdings, unter dem lockeren Top Unterwäsche zu tragen.)

Wer das ständige auf den Händen laufen zu anstrengend findet, kann das eigene schwere Schicksal auch einfach annehmen. Es ist vermutlich nicht schlimmer, als sich in der Liste der fruchtigen bis geometrischen Figurtypen überhaupt nicht wiederzufinden. Auch davon berichten nicht wenige Frauen. Stellen wir uns das einmal vor. Was heißt es, wenn wir nicht in die Kategorisierung passen? Sind wir genetisch modifiziert, ohne es zu wissen? Handelt es sich bei uns um unbekanntes Importobst oder, der schlimmste Fall von allen, haben wir unser Verfallsdatum bereits überschritten? Dann doch lieber eine Birne sein. Oder ganz aufhören mit den Kategorien. Man wird ja noch träumen dürfen. In der Logik der Frauenzeitschriften und Webseiten bedeutet das Vergessen einer Regel aber nur, dass sie durch eine andere ersetzt wird. Anstatt die Einteilungen ganz zu lassen, verschiebt sich nur deren Wichtigkeit in eine andere Richtung. Plus Size zum Beispiel ist gerade sehr hip. So finden wir immer häufiger Frauen ab Größe 40 in den Magazinen. Jaja, das ist die Definition. (Die deutsche Durchschnittsfrau trägt 42, nebenbei bemerkt.) Bei Plus Size oder Curvy, was sehr viel charmanter klingt als das deutsche Wort »Übergröße«, geht es nicht nur um einen riesigen, bisher kaum beachteten Markt. Es geht natürlich auch, wie immer bei unserer Lieblingslektüre, um die gute Sache. »Du kannst dich so lieben, wie du bist«, soll die Botschaft sein, wenn Beine in Größe 40 gedruckt werden. Wenn man sich die Frauen auf den Bildern anschaut, fällt allerdings eines auf: Sie mögen ein paar Kleidergrößen mehr als üblich tragen, Models sind sie trotzdem. Was uns entgegenschaut, sind perfekte Sanduhrfiguren ohne Dellen an Oberarmen oder Schenkeln und mit fantastischer Haut. Hier und da sehen wir ein bisschen mehr Frau, als wir es von anderen Fotos gewohnt sind. Aber Hautwülste oder überlappende Bäuche sucht man auch auf Plus-Size-Bildern vergebens. Das sind dickere Frauen (wenn man das dick nennen will), die aber trotzdem schön auf eine sehr konventionelle Art sind. Wer einmal darauf achtet, bemerkt außerdem, dass Plus Size (und damit eine gewisse Vielfalt an verschiedenen Körpern) längst nicht überall angekommen ist. Man findet die Models beispielsweise eher selten in der Werbung für Partnerschaftsbörsen. Kleidung dürfen sie verkaufen, allerdings verfolgt sie hier meistens nur einen Sinn: Verstecken, verhüllen, verschlanken und verschönern sind die Wörter, die man in den Beschreibungen findet. Das führt paradoxerweise dazu, dass es manchen Frauen beim Vergleich mit Plus-Size-Models ähnlich geht wie beim Betrachten von Bildern mit »normalen« Models. Eine Leserin meines Blogs drückte es einmal so aus: »Wenn ich mir diese Plus-Size-Bilder anschaue, wird mir eigentlich nur eines schmerzlich bewusst. Ich bin nicht einmal Plus Size, ich bin einfach nur fett.« Und wo wir gerade beim weiblichen Fett sind, machen wir hier auch gleich weiter.

Nicht nur gut drauf, sondern auch gut darunter

Der weibliche Körper kennt zwei Arten von Fett, gutes und schlechtes. Schlechtes Fett befindet sich quasi überall, während sich das gute Fett idealerweise in der oberen Körpermitte in zwei Auffangbehältern sammelt, und vielleicht noch ein wenig am Po. Womit wir wieder bei unseren Brüsten wären. Und bei einem der wichtigsten Kleidungsstücke im weiblichen Universum. Es ist meistens nicht sichtbar, beeinflusst aber unser Lebensglück mindestens genauso stark wie Gewicht, Zustand unserer Haut oder die ausreichende Versorgung mit Kohlenhydraten. Selbstverständlich rede ich von schöner Unterwäsche. Die tut nicht nur etwas für unsere Optik, sondern wirkt wie jedes gute Kleidungsstück auch nach innen: Stichwort innere Schönheit (»Du sollst dich endlich gut fühlen!«). Lauschen wir also kurz einem kleinen Exkurs der *Grazia* zu Frauen, Gefühlen und Büstenhaltern: »Emotional getrieben wählen wir bewusst, welche Creme und welchen Lippenstift wir benutzen, aber bei der Wäsche regiert oft Verstand statt Gefühl. Der Griff zu etwas Praktischem ist schneller und bequemer. Baumwollschlüpper in der Größe einer Einkaufstasche zwicken vielleicht nicht, aber tragen leider auch nicht zu einem erotischen Selbstbewusstsein bei.«[60]

Aha, ich verstehe. Wir lassen uns auch hier von den falschen Impulsen leiten. Unsere wunderbare Persönlichkeit wird nur mit der richtigen Unterstützung durch die Stoffschichten scheinen. Noch so eine fragwürdige Wahrheit gefällig? BHs sollen die Brust unter-

SUPERWOMAN

stützen. Dabei tun sie das oft gerade nicht. Denn weibliche Brüste sind verschieden und kommen in allen Formen daher. Viele BHs aber würden aus ihnen am liebsten nur eine einheitliche Variante machen, ziemlich ähnliche Größe, rund wie ein Fußball und möglichst weit oben. Der Wonderbra, eines der Kleidungsstücke der 90er, war eines der Vorzeichen der Apokalypse. Nicht gepolsterte BH-Varianten findet man heute nur noch selten. Gepolstert sind inzwischen auch Sport-BHs und, wie ich kürzlich zu meiner Verwunderung feststellen musste, Still-BHs ebenso. Das ist ja genau die Lebensphase, in der man nichts mehr braucht als zusätzliches Volumen und eine gequetschte Brust.

Die allgegenwärtige Polsterung hat sich bereits auf Unterwäsche für Zehnjährige ausgeweitet. Und führt zu Gesprächen vor Umkleidekabinen, in denen Mütter überlegen, ob die BHs für ihre vorpubertären Töchter vielleicht zum Schutz der noch jungen Brust so stark gepolstert sind. Ähnlich wie ein Airbag, falls das Kind einmal unkontrolliert vornüberfallen sollte. Dabei ist die Polsterung nur ein trauriges Zeichen für eine Übersexualisierung von Mädchen, die nebenan mit Skinny Jeans, die nur kurz über der Schamgrenze enden, weitergeht. Unsere Seh- und Tragegewohnheiten scheinen sich aber bei BHs inzwischen so an die Variante fußballrundes Schalentier angepasst zu haben, dass wir uns kaum vorstellen können, dass eine Brust auch anders aussehen kann. Dabei liegen die 50er-Jahre gar nicht so weit zurück. Damals waren spitze Brüste der Renner. Und noch ein bisschen früher ging es gar nicht vordergründig um die Form. 1910, als Mary Phelps Jacob, übrigens eine Verfechterin des Frauenwahlrechts, den ersten Büstenhalter erfand, hatte sie einfach etwas dagegen, nahezu bewegungsunfähig in einem Korsett aus so bequemen Materialien wie Fischbein eingeschnürt zu sein. Der BH stand für ein neues Gefühl für den eigenen Körper. Modedesignerin Coco Chanel tat in Europa ihr Übriges, als sie mit ihrer Mode die weibliche Silhouette weiter veränderte. Die Kleidung wurde lockerer und bequemer, sogar Hosen kamen hinzu. Und die Frauen atmeten im wahrsten Sinne des Wortes auf. Und danach durfte der Büstenhalter auch einmal fast komplett aus der Mode verschwinden, man denke an die 20er- oder 70er-Jahre des 20. Jahrhunderts. Bis die 90er mit ihrem Push-up-Effekt alles wieder platt, äh, prall machten. Natürliche Brustformen sieht man so heute leider nur noch beim FKK.

Mit der Polsterung verschwanden auch die Brustwarzen. Die dicke Schaumstoffschicht hat ihre Existenz fast aus unserer Wahrnehmung gestrichen, sodass Frauenzeitschriften ihre Offenlegung durch das Tragen nicht gepolsterter (oder gar keiner) Unterwäsche als mutigen Schritt feiern. »Gewagt, gewagt« findet man das dort, aber der Flirtbonus ist eben nicht zu unterschätzen. Denn »viele Männer sind in Unterwäsche-Fragen nicht wirklich Profis. Aber auf die besondere Ausstrahlung, die Frauen ohne BH haben, springen sie an.«[61] Ich übersetze das gern kurz für Sie: »Man sieht so besser die Nippel, und das finden Männer super.« Das ist eine ziemlich einfache Sicht auf BHs – und auf Männer. Aber wo wir gerade bei ihnen angekommen sind, machen wir doch gleich weiter mit unserem Busen-Einmaleins und der Wirkung auf das andere Geschlecht: Thema richtige Farbwahl zur Signalisierung der Paarungsbereitschaft. Dass Rot sexuelle Attraktivität bedeutet, weiß jede von uns. Aber was ist mit Gelb (unterstreicht die Intelligenz) oder einem blassen Blau (äußerst beruhigende Wirkung)? Man stelle sich vor, welches Fiasko uns droht, wenn uns die *InStyle* nicht über die Bedeutung der Farbe unserer Unterwäsche aufklären würde: Wir wollen nur ein bisschen Spaß und der Angebetete ergreift beim Auspacken die Flucht. Weil er Angst hat, dass unser Biene-Maja-Höschen ihm gleich einen Vortrag über die Relativitätstheorie hält. Oder wir wollen loslegen und der Partner nickt beim Anblick unseres blassblauen Balconet-Oberteils einfach ein. Das kann passieren, da hat er sich angesichts der Farbe wahrscheinlich zu sehr entspannt. Dabei ist doch Valentinstag, an dem wir uns immer besonders ins Zeug legen und hübsch mit

Spitze und Glitzer dekorieren – mit neuer Spitze und Glitzer versteht sich. Beim Weihnachtsbaumschmuck mag man jedes Jahr in aller Festlichkeit das Gleiche herausholen können. Aber bei Unterwäsche sollte es schon etwas Neues sein. Wer will schon im G-String der letzten Saison erwischt werden? Deshalb sollte es uns auch egal sein, dass sich bei Unterwäsche die Stoffmenge immer nicht proportional zum Preis verhält. Die angesagten Farben und Modelle kosten immer das meiste und sind häufig Marke Angelsehne. Auch in der richtigen Größe gekaufte Exemplare teilen so ehemals zusammenhängende Körperpartien zuverlässig in Doppelwürste. Wer vorher die eigenen Problemzonen beim Blick in den Spiegel noch nicht fand, bekommt sie nun zuverlässig präsentiert. Dabei ist uns doch mal wieder versprochen worden, dass wir uns unglaublich sexy fühlen werden, innen wie außen.

An dieser Stelle lohnt es sich vielleicht anzumerken: Ich habe nichts gegen sexy Unterwäsche. Ich halte es bei diesem Thema einfach mit der britischen Autorin Caitlin Moran. Die schrieb: »Es gehört zu den grundlegendsten Frauenrechten überhaupt, im Unterwäschebereich stets mit Stoffflächen versorgt zu werden, die so großzügig bemessen sind, dass ein Schlüpfer seesternartig auf der Haut andocken kann, anstatt von der Anziehungskraft ins Körperinnere gezogen zu werden.«[62] Amen.

Frier' doch

Damit wir uns nicht missverstehen. Ich erwarte von Mode nicht automatisch, dass sie praktisch ist. Sie darf auch einfach nur schön sein, ab und zu meinetwegen auch schön unbequem. Nichtsdestotrotz freue ich mich, wenn ein Kleidungsstück meine rudimentären Ansprüche erfüllt. Zum Beispiel verstaue ich gern Dinge. Mein bevorzugtes Instrument wäre hier nicht die Handtasche, sondern schnöde benutzbare Hosentaschen. Leider existieren diese nur selten an Frauenkleidung, Innentaschen findet man so gut wie nie und Außentaschen sind allzu oft zu klein oder nur angedeutet. Tatsächlich bin ich der festen Überzeugung, dass die symbiotische Beziehung zwischen Frauen und ihren Handtaschen ausschließlich darin begründet liegt, dass es uns an Alternativen fehlt. Das Besitzen, Füllen und Tragen von Handtaschen ist keine weibliche Ureigenschaft (sammeln und so), sondern pure Notwendigkeit. Die Handtasche ist weniger Accessoire als Beförderungsmöglichkeit für Gegenstände, die aufgrund der fehlenden Funktionalität unserer Kleidung eben mitgenommen werden müssen. Und wenn wir einmal eine Tasche haben, packen wir auch ein bisschen mehr hinein als nur den Schlüssel-Portemonnaie-Smartphone-Dreiklang, den Männer mit sich führen. Ist doch logisch. Außerdem können Männer ja zusätzliche Gegenstände zuverlässig bei ihrer Begleitung unterbringen, die hat schließlich immer eine Tasche dabei.

Es wäre mal ein Experiment, Männerkleidung nur mit angedeuteten oder unstabilen Taschen zu versehen. Der Weltenlauf wäre ein anderer. Harry Potter zum Beispiel, konnte nur ein Junge sein. Denn er brauchte Kleidung mit echten Hosentaschen. Denken Sie einmal darüber nach: Harrys eigentlicher Vorteil im Kampf gegen das Böse ist seine funktionale Kleidung. Wenn man genauer darauf achtet, zieht er ständig wichtige Dinge aus seinen Taschen: Horkruxe, Karten, einen Kompass, den Stein der Weisen. Es passt eine Menge in Harrys Hosentaschen. Und Hermine, die klügste Hexe überhaupt, schleppt im letzten Buch ständig einen Beutel mit sich herum. Einen Beutel! Das Mädchen hat die ganze Zeit eine bescheuerte Tasche dabei, in der sie selbstverständlich nicht nur ihren eigenen Kram, sondern auch noch den der ganzen tapferen Gruppe transportiert. Da haben wir es wieder. Es ist eine Taschenverschwörung. Eine Verschwörung, um uns neben Kleidung auch noch Handtaschen zu verkaufen. Und zwar möglichst viele, die je nach Anlass und Kleidung zu variieren sind.

Das war alles schon einmal anders. Selbst früher, als Frauen Kleider trugen, hatten sie ordentliche Taschen. Unter den weiten Röcken versteckt, hingen kleine Beutel, die man durch einen Schlitz in der Kleidung erreichte. Man findet sie heute noch bei Trachtenmode. Ich stelle mir das so vor: Als die Frauen herausfanden, dass es praktischere Kleidung als ihre eigene gab, nämlich die, die die Männer trugen, zogen sie einfach Hosen an. (Und weil man während der Weltkriege und dazwischen mit Eintritt in die Arbeitswelt gern die Vorläufer von Smartphone und Co. irgendwo unterbrachte.) Frauen hatten nun große Hosentaschen und fühlten sich, als könnten sie die Welt verändern. Als stünden ihnen alle Türen offen. Das bemerkte auch die Modeindustrie und überlegte sich, dass man noch mehr Hosen verkaufen könnte, wenn man Männerhosen für Frauen machte. Einfach den Schnitt übernehmen ging natürlich nicht. Es sollte ja für Frauen sein, also besser sitzen und schöner aussehen. Und schon war die Silhouette verändert: schön schmal, Taille nach oben und die Taschen weg. Die machten schließlich, wenn sie vollgestopft waren, so unschöne Hubbel auf den Hüften. Wer konnte das bitte wollen?

Fehlende Taschen sind aber leider nicht das einzige Problem an Frauenkleidung. Ich habe mich inzwischen fast an Winterstiefel mit papierdünnen Sohlen gewöhnt, oder an dick gestrickte Pullover mit kurzem Arm. Aber woran ich mich nie gewöhnen werde, ist die alljährliche Winterjackenodyssee. Das letzte Mal machte ich mich auf, weil mir die Rubrik »Style Watch: 5 Teile, die du unbedingt brauchst, weil alle anderen sie schon haben«, einen Mantel »wie eine Umarmung« versprochen hatte. Es sollte die kalte Hand des Todes werden. Der Mantel entpuppte sich als Slim Fit. Für den unvergleichlichen Slim-Look, der dieses zusätzliche Quäntchen an Selbstbewusstsein bedeutet, für das natürlich jede Frau tapfer über die sich langsam am Kinn bildenden Eiszapfen hinweglächelt. Slim-Look heißt, es passt nicht viel mehr als ein

Tanktop unter die Jacke. Also, weg damit und weitersuchen. Aber auch die nächste Jacke fühlte sich dünn an, und war es auch. Das bisschen Wärme, das sie bot, entstand ausschließlich aus der Reibung, die meine Körperteile beim Kontakt mit dem Material erzeugten. Ein schönes Exemplar mit breiten Knöpfen, die so weit voneinander entfernt lagen, dass der Wind zuverlässig auch den letzten Rest Körperwärme zur Beheizung der Straßen aus mir heraussaugen würde, half mir auch nicht weiter. Ebenso wenig wie ein dunkelblauer Parka, dessen unteres Ende sich knapp unter meiner Brust befand. Mein Po wäre also jeden Morgen zuverlässig für den ganzen Tag schockgefrostet, was vermutlich sogar den Alterungsprozess meiner Kehrseite stoppen würde. Aber was hilft mir ein faltenfreier Po, der mit 50 noch konsequent nach oben blickt, wenn mir die dazugehörigen Oberschenkel wegen Erfrierungstod fehlen? Eben. Und Jacke Nummer fünf schließlich (»stylish im Armeestil«) lieferte tatsächlich eine authentische Kriegserfahrung mit ihrem undefinierbaren Wolle-Kunstfaser-Rauhaardackel-Äußeren, das konsequent Nässe anzog, um sie nach und nach wieder nach *innen* an *mich* abzugeben (während sich in meinem Kopf langsam die Schmerzen der Grippe ein warmes Plätzchen suchten, die mich nun zwei Wochen lang ans Bett fesseln würden). Noch eine letzte Jacke später, Outdoor mit Lycra-Spandex-Außenschicht, so dick wie die meines Sport-BHs, gab ich die Suche auf. Und beschloss, auch in diesem Winter bei meiner fünf Jahre alten Umstandsjacke zu bleiben, die eigentlich noch gute Dienste leistete. Zumindest in Anbetracht der Alternativen. Ich glaube, man nennt dies dann Konsumverzicht. Das ist überhaupt eine ziemlich gute Sache, die man tun kann, wenn man über Mode nachdenkt.

Wie Fred Astaire, nur alles rückwärts

Was war das Außergewöhnliche an Ginger Rogers, der Schauspielerin und Tanzpartnerin von Fred Astaire? Sie machte alles, was er auch machte, nur rückwärts und in hochhackigen Schuhen. Dieser Satz enthält die unumstößliche Wahrheit. Die Modewelt hält für Frauen meistens eine kleine Herausforderung mehr bereit als für Männer. Hohe Schuhe gehören für mich definitiv dazu. Bei BHs haben wir bereits festgestellt, dass ein schönes Äußeres nicht mehr ausreicht. Wir sollten (ach, was sage ich, wir müssen) uns auch schön fühlen. Schließlich ist unser Inneres genauso wichtig wie unser Äußeres. Da überrascht es wenig, dass es auch so etwas wie einen inneren High Heel gibt. »Was muss ich tragen, um selbstbewusster zu wirken?«, fragt eine Frauenzeitschrift. »High Heels, sie sorgen für mehr Überblick, unumstößliches Selbstbewusstsein und ein überlegenes Style-Gefühl« ist die Antwort. Wenn unser Inneres also nur noch rumschlurft, hilft ein Paar hohe Schuhe. Damit steht unser Selbstbewusstsein schnell wieder aufrecht wie eine Eins (Kopf hoch, Brust raus). Und die inneren High Heels stehen dann vermutlich irgendwo links vom inneren BH in unserem emotionalen Kleiderschrank.

Ein gutes Paar gehört dazu und ist etwas unumstößlich Weibliches. Nun ja, jein. Auch die Geschichte der Absatzschuhe zeigt, dass Mode in anderen Jahrhunderten etwas ganz Anderes aussagen konnte. Bedeutungen sind auch hier nicht immer so naturgegeben, wie wir manchmal denken. Rosa für Mädchen und Blau für Jungen wäre ein weiteres Beispiel. Bis zum Anfang des 20. Jahrhunderts war es nämlich genau umgekehrt. Rosa war die stärkere Farbe und war deshalb für Jungen vorgesehen. Blau hingegen fand man dezenter und zog es eher Mädchen an. Gut beobachten kann man das heute nicht nur auf alten Gemälden. Noch im Disney-Klassiker *Peter Pan* von 1953 trägt die Heldin Wendy Hellblau und ihr kleiner Bruder Rosa. Auch Absätze wurden als Zeichen von

Macht und Status lange von Männern getragen. Kaum ein Portrait des Sonnenkönigs Ludwig XIV. kommt ohne seine charakteristischen Schuhe mit rotem Keilabsatz aus. Die durften per Gesetz nur Mitglieder seines Hofes anziehen. Hohe Schuhe zeigten Klassenbewusstsein, man grenzte sich von den anderen ab. Die hohen Absätze erhoben die Träger ganz automatisch über den Dreck, der sich so auf den Straßen finden ließ. Und die Tatsache, dass sie äußerst unpraktisch beim Laufen waren, zeigte deutlich, dass man sich nicht außerordentlich bewegen musste, um den eigenen Magen zu füllen. Je höher der Schuh, desto höher stand der Träger oder die Trägerin in der gesellschaftlichen Hierarchie. Deshalb war auch das Mitführen von Stöcken keine Seltenheit, wenn man denn doch einmal auf den hohen Schuhen laufen musste. Sie verhinderten einfach das Umkippen. In der Zeit der Aufklärung im 18. Jahrhundert hieß es dann: Weg mit den Perücken und engen Hosen. Männerkleidung wurde praktischer und lockerer. So verschwanden auch die Absatzschuhe, für Männer ganz und für Frauen für ein paar Jahrzehnte. Die hochhackigen Schuhe, die wir heute als Symbole für Weiblichkeit und Glamour kennen, gehen auf den in den 50er-Jahren erfundenen Stiletto zurück. Dessen Vorläufer wurde bereits im 19. Jahrhundert auf erotischen Fotografien getragen. Hier entwickelte sich auch die leider heute noch gelegentlich anzutreffende Sicht, dass sich an der Absatzhöhe das sexuelle Interesse einer Frau ablesen lässt. Der Name Stiletto, der auf eine tödliche Waffe anspielt (ein Stiletto ist eine Art lang gezogener Dolch), wurde nämlich von Anfang an doppeldeutig verstanden.

Heute ist Mode manchmal konservativ, manchmal rebellisch, und sie bietet Frauen die Möglichkeit, ihren Sexappeal und ihre Weiblichkeit so darzustellen, wie sie es wollen. Die Königin dieser »Mode als Statement«-Fraktion ist und bleibt für mich dabei Madonna. Ihre verschiedenen Rollen vom Schulmädchen über die Braut bis zur Domina waren immer bewusst explizit und selbst gewählt. Madonna nutzte sich als Werbetafel für eine selbstbestimmte weibliche Sexualität. Nicht nur Modedesigner Bob Mackie war darüber verwirrt und fand »ihren Look einfach nur vulgär«. Der Mann, der auch Sängerin Cher einkleidete (aber, wie er fand, mit Unterwäsche, »die ladylike und feminin« war), hielt Madonnas Outfits für viel zu wenig eindeutig. Denn, so fand der Designer, »man könne so die Schulmädchen ja gar nicht mehr von den Schlampen unterscheiden«.[63] Da möchte man den angesichts der Vielschichtigkeit der Welt *und* der Frauen offensichtlich leicht verwirrten Bob kurz zur Seite nehmen, ihm sanft über die Schulter streichen und sagen: »Bob, mein Bester, genau darum ging es.« Um das Aufbrechen eben dieser Schubladen, in die Frauen aufgrund ihrer Kleidung gern gesteckt werden: entweder Hure oder Heilige.

Aber zurück zu den Schuhen. Natürlich kann man finden, dass wir emanzipationstechnisch einen großen Schritt vorangekommen sind, wenn Frauen (mit ein bisschen Verkaufshilfe von unser aller Carrie aus *Sex and the City*) 300 Euro für ein paar Schuhe ausgeben. Meine Beziehung zu hohen Schuhen ist trotzdem eher Daumen runter als Daumen hoch. Vielleicht liegt es daran, dass ich schon die Fabel, dass Frauen gern shoppen gehen, nicht mehr hören kann. Dabei hassen alle, wirklich alle Frauen, die ich kenne, stickige Läden mit Umkleidekabinen, die immer mit OP-Beleuchtung ausgestattet zu sein scheinen. Und was kaufen Frauen am liebsten? Schuhe natürlich.

Das Problem ist auch (Hallo, Bob!), dass fast alles, was mit Frauen und ihrem Äußeren zu tun hat, schon eine Bedeutung hat und nie einfach *nur* Kleidung ist. Hohe Schuhe sind für die einen etwas, das tatsächlich ihr Selbstbewusstsein stärkt, eine bessere Haltung macht und sie selbstbewusster wirken lässt. Für andere sind sie nur ein Zeichen, dass man um jeden Preis gefallen möchte, und unbequem und unnötig. Dazwischen bleibt wenig Raum für eine eigene Position, die nicht gleich die eigene Persönlichkeit mitdefiniert. Es sei denn vielleicht, man ist Madonna. Ich finde hohe Schuhe ganz schön, sie sehen schön aus. Aber ich habe nie den Punkt erreicht, an dem ich genug geübt hatte, um in ihnen gern zu laufen (und ich gebe neidvoll zu, manche Frauen können das, sogar in schnell). Aber eigentlich geht es nicht einmal darum, dass ich das Laufen nicht trainiert habe. Ich habe nie wirklich den Punkt erreicht, an dem ich es für sinnvoll hielt, es überhaupt üben zu müssen. Weil sich doch eine Menge Schuhe finden ließen, in denen ich auch so ganz passabel laufen konnte, mittlerweile klappt das sogar schon seit über 30 Jahren sehr gut. Schon zu meinem Abiball trug ich also Ballerinas. Mir fehlte von Anfang an der Wille, ich meinte es einfach nie wirklich ernst mit den höheren Modellen. Was nicht heißt, dass ich es nicht ab und zu wieder versucht habe. Schließlich wurden mir immer neue Paare angepriesen (»Metallic High Heels zum Kleid und nackten Beinen« oder »Stiefletten mit Mega-Absatz machen superschlanke Beine«). Aber selbst die »scharfen Riemchenmodelle – am besten zum A-Linien-Rock zu tragen und superbequem« – entpuppten sich für mich immer zuverlässig als ausschließliche Sitzschuhe. Hinter all diesen Beschreibungen steht die Idee, dass es Outfits gibt, die ohne richtige Absätze einfach unvollständig sind. Hochhackige Schuhe machen Frauen nämlich erst so richtig *sexy* und *fun.* Auch Models auf dem Laufsteg tragen schließlich so gut wie nie flache Schuhe. Der Absatz ist ein stilles Versprechen, dass Kleidung erst von ihm komplettiert und so richtig attraktiv wird. Mit jedem dieser Bilder bekommen wir so wieder die alte Nachricht gereicht: Es gibt eine andere Art von Körper, und dieser ist vielleicht ein bisschen erstrebenswerter als dein eigener. An schlechten Tagen schaue ich, bei aller Absage an Absätze, auf die Bilder und denke ebenfalls kurz: »Vielleicht werde ich nie so begehrenswert, sexy und glücklich sein wie diese Frauen. Ich schaffe es ja nicht einmal, ihre Schuhe zu tragen.« Und genau an diesem Punkt macht Mode keinen Spaß mehr, sondern hat einfach nur wieder erstaunlich wenig Humor. Wie beim Flanking. Flanking war einer der Trends der letzten

Jahre. Sogar die Brigitte rief: »Der Knöchel ist das neue Dekolleté!« (Und keiner dachte wieder an die armen Brüste.) Dem Flanking, das ist das Zeigen der Fußknöchel, weil die Hosen zu kurz sind, kann aber leider nur nachkommen, wer über nicht defizitäre Fußgelenke verfügt. Und was wäre ein nicht so schöner Fuß? Gut, dass Sie fragen! Ein Fuß mit Minuszeichen ist einer, bei dem der »untere Teil des Wadenmuskels direkt in das Fußgelenk übergeht«. Sollte dies bei Ihnen der Fall sein, sind Sie leider mit der äußerst plumpen Knöchelvariante gestraft, die das Flanking erschwert, ja beinahe unmöglich macht. Einen Fachbegriff für Ihr Defizit gibt es natürlich auch, wir erinnern uns an das Problemzonencasting. Sie leiden unter Cankles, einer hübschen Wortschöpfung aus Wade (im Englischen »calf«) und Knöchel (im Englischen »ankle«), weil bei Ihnen alles so unschön ineinander übergeht. Dabei könnten schöne Knöchel Sie bei vielem rausreißen. Jennifer Lopez zum Beispiel hat vielleicht kräftige Oberschenkel und einen ausgeprägten Po, aber sehr schmale Fesseln. Und ist somit kein Cankles-Opfer, die Glückliche. Das geht leider nicht allen Frauen so. Aber wozu braucht man sie überhaupt, die perfekten schmalen Fesseln, außer zum Flanking? Na, zum Beispiel um hohe Schuhe formvollendet zu tragen. Hier schließt sich der Kreis. Als Schuhdesigner Christian Louboutin eine Barbie designte, verpasste er ihr noch schmalere Fesseln als sie sowieso schon hatte, damit seine Schuhe optimal zur Geltung kamen.[64] Es lohnt sich, das Ganze noch einmal zu durchdenken: Barbie, die Puppe mit den unrealistischen Proportionen – eine normale Frau würde angesichts der Last des Busens und der zu kleinen, hochgestellten Füße nach vorn kippen –, Barbie also brauchte angeblich noch dünnere Fesseln für das perfekte Schuhtrage- und vor allem Schuhaussehengefühl. Fand zumindest ein Schuhdesigner. Der normalerweise nicht Barbie einkleidet, sondern Frauen aus Fleisch und Blut. Und während Sie jetzt vermutlich genauso heftig den Kopf schütteln wie ich, als ich zum ersten Mal davon hörte, will ich Ihnen schnell die gute Nachricht an der traurigen Geschichte erzählen: Wir können die paar Tausend Euro für die teuren Schuhe von Herrn Louboutin (das sind übrigens die mit der roten Sohle) jetzt einfach ohne schlechtes Gewissen in ein Fernstudium investieren. Denn seine Schuhe werden an unseren Füßen sowieso nie gut genug aussehen. Dabei trifft Herr Louboutin mit seiner Kritik an Barbie einen Nerv, denn Mode hat eine Funktion. Und die geht längst darüber hinaus, uns nur warm und trocken zu halten. Mit Kleidung drücken wir etwas aus: unseren Status, unsere Zugehörigkeit zu bestimmten Gruppen, die Zustimmung zu oder die Ablehnung von gesellschaftlichen Regeln.

Manchmal ziehe ich etwas an, weil ich dazugehören will und manchmal will ich auffallen. Ich nehme ein bestimmtes Kleidungsstück aus dem Schrank, weil ich eine Situation beherrschen möchte. Eher selten versuche ich, ein bisschen einschüchternd zu wirken und gelegentlich will ich überraschen, amüsieren oder verführen. Und es gibt die Momente, in denen ich mich auf eine bestimmte Art und Weise anziehe, weil ich mit anderen Frauen konkurrieren will, da arbeite ich noch dran. Neben der »Wir wollen den Männern gefallen«-Erzählung der Modemagazine steht nämlich häufig noch eine zweite: Mode ist auch eine Performance, die wir für andere Frauen aufführen. Eine Erkenntnis, die sich mir früh in der Umkleidekabine einer schwedischen Modekette beim Nach-der-Schule-rumhängen-Shopping offenbarte. Ich, damals ungefähr in der 6. Klasse, befand mich in besagter Umkleidekabine. Davor hatte sich meine neue Freundin Katja positioniert. Vor dem Erreichen der Kabine hatte sich Katja bereits durch die Auslagen gepflügt, indem sie immer wieder Taschen, Pullover oder Accessoires herauszog, um sie mit »Hässlich!«, »Oh, mein Gott« oder »Wer zieht denn so etwas an?« zu kommentieren. Naturgemäß war ich nun etwas unsicher, mit meiner neuen Jacke aus der Kabine zu treten. Ich war noch nicht sehr weit bei meiner Entscheidungsfindung, ob mir die Jacke gefiel oder nicht, als Katja meinen inneren Monolog beherzt durch ein schnelles Zurückziehen des Vorhangs beendete. »Und?«, fragte sie. »Ich weiß nicht ganz«, murmelte ich. Aber Katja wusste Bescheid. Sie zog mir die Jacke aus, sich kurzerhand selbst über und präsentierte mir so die in ihren Augen ultimative Entscheidungshilfe: »Stell dir vor, du kennst mich nicht«, begann sie, während sie vor mir auf und ab wanderte. »Und? Bist du jetzt neidisch auf mich?« Stille. »Dann kauf die Jacke.«

Das war er, der Moment. Katja erklärte mir gerade, dass es kaum eine Rolle spielte, wie die Jacke an mir aussah. Sondern dass es nur darum ging, was mein Aussehen bei anderen Frauen auslöste. Seit der Umkleidekabine sind einige Jahre vergangen, und ich weiß inzwischen, dass es eine Menge Katjas (und Karls) gibt, die mir das Gleiche erzählen wollen, und dass sie manchmal ziemlich überzeugend sind. Es ist ein Dilemma. Dass sich Frauen für andere Frauen und ihre Art, sich durch die gelegentlichen Unwägbarkeiten des Lebens zu navigieren, interessieren, ist an sich eine gute Sache. Aber nur, wenn wir es schaffen, das Ganze nicht zu einem gigantischen Zickenkrieg auszuweiten, der bei Geburtstagsoutfits von Zwölfjährigen beginnt (»die Melanie denkt wahrscheinlich noch, ihre hässliche Hose würde dem Julian gefallen«) und eigentlich nie endet (»ein sehr gewagter Ausschnitt für ihr Alter«). Denn wenn man genau darüber nachdenkt, macht es keinen Sinn, mit *anderen* Frauen um unseren *eigenen* Selbstwert zu streiten. Trotzdem begegnet es mir immer wieder, dass Frauen die vehementesten Kritikerinnen anderer Frauen sind. Ich finde, wir müssen damit aufhören. Eigentlich reden wir nämlich oft über unsere eigenen Unsicherheiten, wenn wir einander kritisieren. Ich glaube, wenn wir uns trauen, uns einander gegenüber verletzlich zu zeigen, werden wir alle stärker.

Aber zurück zur Mode: Heute weiß ich, dass Mode viele Bedeutungen in sich tragen kann und ich versuche, sie für mich zu benutzen. Dafür schaue ich mir gern ein paar Wegweiser und Inspirationen in Zeitschriften an. Aber ich brauche keine Warnschilder, die mir weismachen wollen, dass vieles vermintes Gelände sei und ich Gefahr laufe, in die falschen Bedeutungen zu tappen. Genau das ist der Grund, warum ich die meisten Frauenzeitschriften nicht mag, wenn es um Mode geht. Denn sie haben unrecht mit ihren Achtungszeichen. Eigentlich gibt es nur wenige wirkliche Regeln außerhalb derer, die wir uns selbst auferlegen. Vielleicht hat uns einmal jemand erzählt, dass unser Typ in Grün kränklich aussieht, und deshalb machen wir seitdem einen Bogen um die Farbe, obwohl wir sie eigentlich ganz gern mögen. Oder wir haben nach der Anprobe von zehn Skinny Jeans, die alle an uns nicht aussahen wie auf den Fotos, beschlossen, dass wahrscheinlich unsere Beine das Problem sind. Wenn es in Frauenzeitschriften um Kleidung geht, geht es immer um eine Norm. Diese Norm bezieht sich nicht nur auf eine Kleidergröße, sie beinhaltet mehr. Uns nur zu erklären, was wir gerade anziehen sollten, wäre auch ein bisschen zu einfach. Jede kann in ein Kaufhaus spazieren und sich Ankle Boots oder eine Boyfriend-Jeans kaufen. Aber die passenden Knöchel dazu, die hat eben nicht jede. Wenn man die Moderegeln genauer anschaut, offenbart sich eines: Den Körper zu haben, der die Mode wirklich perfekt in Szene setzt, ist das eigentlich Exklusive. Was modisch ist, sagt immer auch etwas über unsere Idee vom Körper in der Kleidung aus. Und mit diesem Körper geht es im nächsten Kapitel weiter.

MEIN KÖRPER – MEIN(E) WA(H)L

Liebe deinen Körper, auch wenn alle anderen einen besseren haben

Ich studierte etwas zu früh in Frankreich, um es mit dem perfekten Körper wieder zu verlassen, denn *Warum französische Frauen nicht dick werden* erschien erst Jahre später. (Klappentext: »Ist Ihnen schon aufgefallen, wie gertenschlank die Französinnen bei diesem Lebensstil bleiben? Et voilà, dieses Buch wird ihr Leben verändern.«) So frühstückte ich ausgiebig, aß Brot zum Käse, besuchte so ziemlich jede Patisserie und schloss das Menü am Abend mit einem Dessert ab. Meinen Kaffee trank ich, halten Sie sich fest, nicht schwarz, sondern au lait – also mit ganz viel Milch – und vielleicht auch ab und zu mit Zucker. Das Ergebnis ist schnell erzählt. Oh, là, là, die Hosen begannen langsam aber sicher enger zu werden und irgendwann passten sie nicht mehr ganz so wie früher. Wie jede durch Zeitschriften zuverlässig sozialisierte Frau wusste ich aber natürlich um die Lösung meines Problems. Mich einfach wieder auf mein mir entsprechendes Essverhalten zu besinnen konnte ja jede. Ich aber würde mit der meganeuen und bisher ultrageheimen Supermethode mindestens drei Kilo in 2,4 Tagen verlieren. Dafür musste ich nur etwas kaufen. Damals begegnete mir die Lösung meines Problems im Supermarkt. Hier hatte sich gerade Kellogg's Special K breitgemacht. Das waren die neuen Cornflakes zum Abnehmen. Der dazugehörige Diätplan wurde nicht nur ständig in meiner Lieblingslektüre erläutert, sondern fand sich auch auf der Packung. Zwei Mal am Tag sollte man eine Tasse Cornflakes mit einer halben Tasse möglichst fettfreier Milch mischen und die verbleibende dritte Mahlzeit konnte man dann nach Lust und Laune gestalten, also zwischen gedünstetem Gemüse, Low-fat-Joghurt oder hundert Gramm Hühnchen mit Reis wählen. Zur Motivation empfahl mir die Schrift auf der Cornflakespackung zusätzlich, das Packungsfoto des Models auszuschneiden und an den heimischen Kühlschrank zu kleben. Wem das bekannt vorkommt, heute übernehmen diese Aufgabe Fitnessinstagramer und YouTuber. Sie nennen es #thinspiration, also »dünne Inspiration«. Eine Übersetzung, die sowohl im Hinblick auf die bezeichnete Körperform als auch auf den Inhalt ihrer Botschaften durchaus passend ist.

Die Idee hinter dem Kühlschrankfoto war einfach: Durch meinen täglichen Blick auf das langbeinige, leicht gebräunte Model mit schmalen Hüften und perfekten Beinen, das sich so unglaublich auf die Schüssel Cornflakes freute, würde meine Motivation ins Unermessliche steigen. Folgerichtig würde mir mein Abnehmplan (man sagte noch Abnehmen oder Diät statt Ernährungsumstellung) wie ein Spaziergang vorkommen. Es funktionierte natürlich – nicht. Die Tasse Cornflakes war erschreckend wenig und die zwei bevorrateten Packungen so schnell aufgegessen, wie sie im Regal gelandet waren. Was nun einsetzte, war ein ebenso typischer Effekt. Ich hätte mir das Bild am Kühlschrank noch einmal genauer anschauen können, um den einzig logischen Schluss zu ziehen: Ich würde nie, auch nicht bei einer viertel Tasse Cornflakes die Woche und 500 Sit-ups am Tag, wie dieses Model aussehen. Weil sie mir von ihrer Körpergröße und ihrem Typ her einfach komplett unähnlich war. Stattdessen aber suhlte ich mich in Selbstmitleid. Und während ich vor meinem Diätexperiment nur meinen Körper doof fand, mochte ich jetzt auch mich selbst nicht mehr so gern wie vorher. Es hatte sich schließlich gezeigt, dass ich äußerst willensschwach war, keinen Biss hatte und, vermutlich nicht nur von meinem Hungergefühl, sehr leicht zu beeinflussen war.

Thematisch basieren Frauenzeitschriften im Grunde auf zwei Grundpfeilern: Schönheitskorrekturen und die Angst vor dem Alter sowie Körperbeobachtung und Diäten. Eine gute Frauenzeitschrift wie die *Barbara* erkennt man alles in allem bereits am Titelbild. Solche, die keine Kohlsuppen und Schnellmethoden versprechen, sind meistens eine gute Wahl. Alle anderen scheinen einen automatischen Schlagzeilengenerator zu besitzen, der die immer gleichen Wörter jeden Monat neu zusammenwürfelt. Wie anders lassen sich sonst diese auffällig ähnlichen zwölf Schlagzeilen (immer an der gleichen Stelle auf dem Titelblatt oben rechts) einer Fitnesszeitschrift speziell für Frauen erklären? Sie lauten innerhalb eines Jahres:

- Schlank und sexy
- Schlank und schön
- Für immer schlank
- Tschüss Kilos!
- Schneller schlank und straff
- Schlank und sexy
- Stark ist das neue sexy
- Weg mit den letzten 3 Kilos
- So nehmen Sie nicht zu
- Tschüss Winterkilos
- Straff, stark, sexy
- Schlank und fit

Jeden Monat wieder werden wir also endlich dünn (»Übungen, die wirklich etwas bringen« und »Schnelle Rezepte mit Erfolgsplus Genussgarantie«). Und dieses Mal ist es wirklich für immer. Dabei können die immer neuen Methoden nicht besonders effektiv sein. Sonst wären bereits rein rechnerisch alle Frauen irgendwann so schlank, wie sie es sein wollen. Aber in dieser Betrachtung unterstellt man eben, dass uns Frauenzeitschriften tatsächlich beim Abnehmen helfen wollen. Uns, ihren Leserinnen, und nicht einer millionenschweren Abnehmindustrie, die immer ein bisschen mehr verdient, wenn wir noch ein wenig häufiger scheitern.

Endlich Gewicht verlieren ohne zu hungern (und ohne tatsächlich Gewicht zu verlieren)

Die durchschnittliche Abnehmwillige macht 2,4 Diäten pro Jahr. Aber nur eine von hundert Personen verliert langfristig Gewicht, völlig ungeachtet der Versprechungen auf den Titelseiten. Der Rest bekommt die verlorenen Kilos postwendend zurück. Nur wenige Untersuchungen zu Diäterfolgen sind nämlich Langzeitstudien. Deshalb zitiert man meistens einfach die anderen. Die, die sich nach dem Ersterfolg wieder aus dem Staub gemacht haben. Wie praktisch, denn das nächste Heft wartet ja schon am Kiosk.

Länger angelegte Studien zeigen aber, dass, je nach Untersuchung, ein bis drei Jahre nach der Diät ein Drittel bis zwei Drittel der Teilnehmerinnen ihre verlorenen Kilos wieder zurückhatten und fünf Jahre nach der Diät waren beinahe alle wieder beim Ausgangsgewicht angelangt. Für einige gab es sogar noch bis zu 10 Prozent des verloren geglaubten Gewichts obendrauf.[65]

Tatsächlich begibt man sich auf äußerst dünnem Eis, wenn man mithilfe von Studien behauptet, ein Gewichtsverlust, den man durch Veränderungen im Essverhalten herbeigeführt hat, sei über Jahre hinweg zu halten. Denn dies gilt nur für eine kleine Minderheit. 2010 wurde großformatig über die amerikanische Look-AHEAD-Studie berichtet, die bisher größte und längste Interventionsstudie zu Lebensstilen. Weil sie angeblich zu dem Ergebnis kam, dass »Diäten tatsächlich funktionieren«. Auf einen gründlichen zweiten Blick offenbarte sich aber auch hier etwas anderes. Das, was die Schlagzeilen in den Vordergrund stellten, stimmte zwar. Die teilnehmenden Frauen hatten tatsächlich vier

Jahre nach Beginn ihrer Diät immer noch 5 Prozent ihres Ausgangsgewichtes verloren. Weniger prominent platziert wurde hingegen diese Erkenntnis der Untersuchung: Eigentlich waren die Frauen bereits wieder auf dem Weg zu ihrem Ausgangsgewicht. Ursprünglich hatten sie nämlich das Doppelte, also ganze 10 Prozent ihres ursprünglichen Gewichtes abgenommen. Bereits die Hälfte des Diäterfolges hatte sich also nach nur vier Jahren wieder verflüchtigt.[66] Darüber reden die Diätfirmen natürlich nicht gern. Schließlich versprechen sie nichts weniger als endlose Zufriedenheit mithilfe verminderter Kilos. Übrigens der Grund, weswegen Weight Watchers nach einem Rechtsstreit in den USA 1997 folgenden Satz ins Kleingedruckte aufnehmen musste: »For many dieters, weight loss is temporary« (Viele Diätende nehmen nur kurzfristig Gewicht ab).

Und wie fühlen wir uns, wenn die Kilos wiederkommen? Gestresst und enttäuscht, ungefähr so wie ich in diesem Sommer in Frankreich. Auf den vermeintlichen Misserfolg folgt aber, wie bei mir auch, selten Ernüchterung oder gar Groll auf die ursprünglichen Ideengeber dieser ach so erfolgreichen Methode, sondern vielmehr eine ordentliche Prise Fatalismus. So kaufen wir nicht selten bald wieder das neueste Diätbuch. Das hat nicht wenig damit zu tun, dass ein schlanker und fitter Körper (und dieses »schlank und fit« ist bewusst eine äußerst schwer greifbare Maßeinheit) sich langsam aber sicher zum heiligen Gral unserer Existenz entwickelt hat. Die dazugehörigen Botschaften sind im besten Fall nervig und widersprüchlich, und im schlimmsten Fall gefährlich. Mit dem Abnehmen verhält es sich, wenn man den Frauenzeitschriften glaubt, genauso wie mit dem Schönsein. Eigentlich ist alles keine große Sache und geht ziemlich schnell. Workouts unterbieten sich mit ihrem Zeiteinsatz. »Hier, nur 20 Minuten.« – »Bist du des Wahnsinns? Fünf, höchstens fünf.« – »Fünf? Hast du deine Zeit im Lotto gewonnen? Stahlharte Bauchmuskeln gibt es doch hier – und zwar in drei, zwei, eins.« Manchmal hilft auch ein kleiner Trick auf dem Titelblatt. Eine US-Ausgabe der *Men's Health* mit Superfußballer Ronaldo und seinen gut sichtbaren Bauchmuskeln auf dem Titel versprach diese in 28 Tagen. Die deutsche Ausgabe mit dem gleichen Aufmacher titelte »Ronaldos Sixpack in 6 Minuten«. Wer den dazugehörigen Artikel las, fand heraus, sechs Minuten täglich, 28 Tage lang.

Bei den Frauen sieht es nicht anders aus. Das meiste ist Blitz und ganz nebenbei, ohne großen Aufwand (»Das geniale schnelle Wohnzimmer-Workout«), und dabei selbstverständlich wahnsinnig effektiv. Also gibt es keine Ausrede mehr, dass du faule Gurke immer noch auf der Couch sitzen bleibst. Davon soll man sich dann aber eine Seite weiter wiederum bloß nicht stressen lassen. Wenn Model Karlie Kloss zum Beispiel »mal keine Lust oder Zeit für ein Workout hat, dann schnürt sie einfach ihre Laufschuhe, steckt sich Kopfhörer in die Ohren und macht einen lockeren Acht-Kilometer-Lauf«.[67] An so viel Entspanntheit können wir uns alle ein Beispiel nehmen. Richtig »happy« macht aber trotzdem nur wirkliche »Power«, denn wer will nicht »nackt endlich super aussehen« und den eigenen Körper »rocken«? Selbstzufriedenheit, die ist immer nur ein paar Kniebeugen und ein neues Superfood weit entfernt, quasi fast schon greifbar, wenn du dich bei »Straff dank Pilates« nur noch ein bisschen weiter dehnst. Und wenn du glaubst, alles ist eigentlich ganz o. k., so wie es ist, dann wirst du vorher ganz im Sinne des Problemzonencasting noch schnell aufgeklärt und dir das Gegenteil bewiesen.

Eigentlich ist also alles ganz »easy« hier. Und irgendwie doch nicht. Denn, hier greift das gleiche Paradox wie bei der mühelosen Schönheit, wir benötigen trotzdem die entsprechende Anleitung, um es richtig zu machen. Sonst denken wir noch, bei »Clean Eating« geht es darum, das Gemüse fachgerecht zu waschen und unser Kochergebnis auf sauberen Tellern zu servieren. Oder wir machen uns einfach so einen Avocadotoast, legen also Avocado auf Toast, ohne eines der 485 000 Rezepte zu bemühen, die uns die Suchmaschine liefert. Natürlich, die Anzahl der Ergebnisse zeigt, dass offensichtlich eine Menge Menschen »Avocado-Toast-Rezepte« auf der Suche nach Erleuchtung eintippen. Da aber im Gegensatz hierzu nur eine verschwindend kleine Menge (25 000 Suchergebnisse) Hilfe bei der Zubereitung eines Wurstbrotes benötigt, wage ich die These, dass die allgemeine Brot-mach-Verwirrung auch damit zu tun hat, dass uns mittlerweile erklärt wird, selbst für die banalsten Dinge eine Anleitung zu benötigen. Das gilt insbesondere für unsere Ernährung, die hoffentlich gesund ist und hoffentlich auf dem neuesten Stand der ernährungswissenschaftlichen Erkenntnisse beruht (keine Wurstbrote!).

Frauenzeitschriften haben eine schöne Historie, wenn es darum geht, simpelste Vorgänge zu beschreiben, als handele es sich um die Mondlandung. Legendär ist die 2008 erschienene illustrierte Schritt-für-Schritt-Anleitung zum Baden (»Schritt Nr. 2: Wählen Sie die Temperatur, aber achten Sie darauf, dass der Stöpsel fest eingesteckt ist«), die Millionen Frauen endlich offenbarte, was sie mit diesem großen weißen Ding in der Mitte ihrer Bäder eigentlich machen sollten. Man erklärt uns gern die Welt. Aber ganz besonders gern erläutert man uns verschiedene Lebensmittelgruppen. Frei nach Aschenputtel sortieren wir die Guten ins Töpfchen und die Schlechten zurück in die Auslagen der Supermärkte, obwohl nie etwas von Gut oder Schlecht in den Heften steht. Das würde der Komplexität des ganzen Unterfangens nicht im Geringsten gerecht. Man könnte sagen: »Gesund sollte es sein.« Aber gesund ist so ein profanes Wort. Da gibt es viel schönere Varianten, die ein bisschen mehr verwirren. »Clean Eating« zum Beispiel, das sind mal »Dinge direkt aus der Natur« (Moos? Baumwurzeln?), dann »viel Gemüse, also fast vegan« oder »Hühnchen und leckeres Rührei ausschließlich aus Eiweiß auf den Frühstückstisch« bis hin zu nur »raw« (also roh), das heißt »nichts über 42 Grad erwärmt«. Gepaart sind die Erläuterungen mit vielen guten Tipps wie diesem hier: »Clever einkaufen. Gemüse und Obst gibt es roh in jedem Supermarkt.«[68] Was Sie nicht sagen!

Weitere No-Brainer der Lebensmittelhitparade: »Ein Burger ist sooo lecker, hat aber auch viele Kalorien. Ein Apfel ist viel leichter.« Oder: »Tiramisu gehört leider nicht zu den kalorienarmen Nachtischen.« Einige Lebensmittel verfügen aber auch über wahre Eisbrecherqualitäten und lassen Fett nur so dahinschmelzen. Darunter finden sich Grapefruit, Chia-Samen, Ingwer oder Basilikum – also meistens die, die im mitteleuropäischen Speiseplan seltener als Grundnahrungsmittel vorkommen. Wie beispielweise Käse. Diesen »leckeren Liebling« isst man lieber »ohne Butter auf dem Brot und am allerbesten mit Karottensticks statt mit Kohlenhydraten kombiniert«.[69] Wenn Sie sich jetzt fragen, wie Sie ihren Camenbert oder Gouda am günstigsten um eine Karotte gewickelt bekommen, haben Sie das Ganze, wie ich auch, leider missverstanden. Mit über 300 Kilokalorien auf 100 Gramm sind diese Käsesorten sowieso raus und im Artikel deswegen hübsch rot unterlegt. Wir reden hier von einem fettreduzierten Frischkäse-Gaumenerlebnis.

Bei dieser einzigartigen Logik, der automatischen Bewertung jedes Lebensmittels nach seinem Kilopotenzial, zuckt bei Frauenzeitschriften auch niemand zusammen, wenn man schreibt, dass wir Kiwis ab jetzt nur noch mit Schale essen sollten: »Denn das verdoppelt den Ballaststoffanteil auf insgesamt 4 g und erhöht so den Sattfaktor.«[70] Merken Sie etwas? Genau. Gesund heißt immer fett- und zuckerreduziert. Gesundes-Wohlfühl-Selbstliebe-Ich-tue-mir-und-meinem-Körper-etwas-Gutes-Essen heißt Diät, es bedeutet abnehmen. Denn dünn ist nicht nur schöner, sondern auch gesünder. Wer kann bei diesem Totschlagargument bitte noch dick sein wollen? Oder das gefährliche Fett (hier gruselige Musik einfügen) an den falschen Stellen bei sich behalten wollen? Wer will denn bitte freiwillig an scheußlichen »Dicken-Krankheiten« jämmerlich zugrunde gehen, wenn es sich mit ein paar Kiwischalen verhindern lässt? Eben.

Gefürchtetster Gegner im Jahreszyklus sind deshalb die Weihnachtszeit und alle Urlaube, die nicht »aktiv« als Adjektiv mit sich führen. Fröhliche kalorienarme Weihnachten wären es zum Beispiel mit einem, einem einzigen, Butterplätzchen ohne Zuckerguss (41 Kilokalorien pro Stück), während der eine Vanillekipferl (120 Kilokalorien) selbstredend Feiertagsverbot erhält. Und wer doch von der Gans probiert hat, kann nach diesem Cheat-Day (dem Betrugstag, dem mit der Gans, das war Betrug an der eigenen Gesundheit, selbstverständlich) einfach mit der entsprechenden Saftkur ein bisschen gegen das schlechte Gewissen detoxen. An deren Ende wartet dann auch ein Eiweißtag mit Magerquark und einer Prise Zimt. Es ist schließlich Weihnachten.

So viel zu den Feiertagen, im Urlaub empfiehlt es sich, Freundinnen mitzuführen, »die deutlich weniger essen« als man selbst, denn »allein schlemmen macht bekanntlich keinen Spaß«. Alternativ kann der Koffer mit Urlaubsgarderobe in kleinen Größen befüllt werden, damit man in den zwei Erholungswochen des Jahres ein lohnendes Ziel vor Augen hat und gleich bemerkt, wenn der Büfett-Exzess zuschlägt. Oder man nimmt die Mahlzeiten gleich auf der heißen Terrasse statt im klimatisierten Restaurant ein, denn wer isst schon gern, wenn man kurz vorm Sonnenstich steht?[71] Alles ernst gemeinte Tipps aus einer handelsüblichen Frauenzeitschrift.

Dabei geht es hier, und das wollen die Zeitschriften nun wirklich noch einmal betonen, eben nicht nur ums Kalorienzählen. Hinter ihren Anregungen steht immer und allein die Sorge um die Gesundheit der Leserin und – man weiß schon, was kommt – unser persönliches Wohlbefinden. Dass dieses nicht zwangsläufig etwas mit Dünnsein zu tun haben muss, ist bei vielen Zeitschriften noch nicht ganz angekommen. Ihre »Liebe-dich-selbst«-Rhetorik ist nur ein schlecht getarnter Code für Gewichtsverlust. Oder die gern geschürte Angst vorm Zunehmen. Die haben auch prominente Frauen, die uns ja so oft so ähnlich sind, aber beim Thema Abnehmen immer die neuesten Tricks und Kniffe kennen. Diese entreißen ihnen unsere liebsten Investigativjournalistinnen jeden Monat wieder zuverlässig. Dann freut man sich, exklusiv von Verena Kerth zu erfahren, dass sie für ihren Instagram-Account immer das leckere Essen *anderer* Leute fotografiert. Sie selbst hält sich an »drei Mahlzeiten und viel heißes Wasser«, aber – wir ahnen es bereits – »abnehmen war nicht die oberste Priorität«. Sie wollte sich einfach »insgesamt ausgeglichener und gesünder fühlen«.[72] Bei Prominenten wird gern mit ironischer Distanz gearbeitet, wenn über die neuesten Saftkuren und Trainingsmethoden berichtet wird. Aber die verfliegt schnell, da man in der nächsten Ausgabe überlegt, ob Cameron Diaz vielleicht »Figur-Frust« schiebt oder doch glücklich ist mit ihren neuen »Rubens-Rundungen«. Eventuell macht sie ja auch nur »Perfektionspause« wie Lady Gaga. Das wäre auch gar nicht schlimm, schließlich soll sich jede wohlfühlen, wie sie ist. Da ist eine Pause von der Perfektion gar kein Problem. Nur die Beobachtungs- und Bewertungsmedien machen eben nie eine solche.

Garniert wird das Promi-Bauch-Watching hier und da mit einer Prise »Das kannst DU auch.« Ganz normale Frauen (Wahnsinn!) verraten in wiederkehrenden Rubriken wie der »Heldin der Waage« (ja, die gibt es wirklich) ihre Schlankheitsgeheimnisse, die nicht minder nach Hollywood klingen: Dinner-Cancelling (Abendessen weglassen), HIT-Training (eine Mischung aus Bodybuilding und Kraftsport mit hoher Intensität, wobei *nicht* gesungen wird) oder Saft-Detox (ähm, Saft eben, ausschließlich Saft) heißen hier die Zauberwörter. Wenn man dünn ist, folgt der Glamour eben auf dem Fuß. Und die Gesundheit – selbstredend. Wen hält es da noch auf den Stühlen? Also füllen wir schnell den Psychotest mit der bangen Frage »Warum nehme ich nicht ab?« aus, der zu folgenden möglichen Auflösungen führt: »weil Sie ... a) sich zu viel erlauben, b) zu streng Diät halten oder c) sich zu wenig bewegen.«[73] Dabei ist eine andere Antwort viel wahrscheinlicher: »...weil wir viel zu viel über *Ihr* Essen schreiben«.

Das Leben beginnt nicht mit drei Kilo weniger, aber es wird trauriger mit Diäten

Jede dritte normalgewichtige Frau würde gern abnehmen. (Bei den Männern ist es jeder Zehnte.) Drei bis fünf Kilo hätten die Befragten gern weniger und probieren es am liebsten mit Diäten.[74] Was hat es eigentlich auf sich mit diesen doch wenigen Kilos, die trotzdem immer noch zu viel scheinen bis zur vollkommenen Zufriedenheit? Machen sie nicht maximal eine Kleidergröße aus? Sind sie wirklich der Startblock, ab dem das Leben beginnt, das Ziel, auf das es sich lohnt, Energie, Lebenszeit und Anstrengung zu richten? Wie oft habe ich sie schon gehört und selbst gesagt von der Pubertät bis heute, mit zunehmendem Alter eher leise zu mir selbst. Diese magischen Sätze: Wenn ich dünner wäre, würde er mich bemerken. Dann würde ich mich besser fühlen. Dann würde ich es endlich versuchen. Dann würden mir die Dinge gelingen.

Es gibt wenige Äußerungen, mit deren Hilfe Frauen so schnell eine Verbindung zueinander herstellen können, wie mit einer Klage über ihren Körper. Das Eingeständnis, dass die Oberschenkel zu voluminös und der Bauch zu wabblig scheinen, schafft oft eine traurige Verbundenheit. »Ich bin zu dick, hier schaut nur hin« ist ein mystischer Ausweis der Zugehörigkeit. Dabei sind in Wahrheit so viele so müde. Müde, sich zu dick oder zu dünn zu fühlen. Denn, das sei angemerkt und wurde auch mir erst wirklich durch die Kommentare in meinem Blog bewusst, dünne Frauen stehen unter der gleichen Körperbeobachtung. Auch hier geht es eigentlich immer noch ein bisschen straffer und definierter – ein wenig besser eben. Dabei ist »dick« oder »dünn« kein Gefühl. »Fröhlich«, »traurig« und »hoffnungsfroh« sind Gefühle. Vielleicht meinen wir also etwas ganz anderes, wenn wir uns als zu dick bezeichnen? Vielleicht fragen wir nicht, ob wir dick sind, sondern ob wir gut genug sind?

Ganz sicher tun wir das. Aber gesellschaftlich ist die Kritik am eigenen Körper akzeptierter, ja fast schon notwendig. Sie gehört zu einem Frauenleben dazu. Spätestens ab Größe 38/40 (und auch wieder in die andere Richtung) muss es doch etwas geben, das man an sich nicht ganz optimal findet. Und jetzt kommt das Perfideste an der ganzen Sache. Diese beinahe verlangte Kritik macht uns gleichzeitig schwach. Nicht nur körperlich, wenn wir die Nahrungsaufnahme zu weit heruntergefahren haben, sondern auch in der Wahrnehmung als Frauen. Denn das Paradoxe ist ja, obwohl die Kiloselbstkritik uns ständig als To-do vor Augen geführt wird, ist sie auch eine Schwäche, eine Persönlichkeitsschwäche sogar. Da gerät man schnell in den Verdacht, oberflächlich zu sein, sich ausschließlich mit Luxusproblemen der Erste-Welt-Bevölkerung zu beschäftigen oder ganz im Allgemeinen den Blick für das Wesentliche verloren zu haben. Jaja, die Frauen und ihr fehlender Fokus, die machen sich ständig Sorgen um ihr Gewicht. Wer den eigenen Körper und das eigene Essverhalten überbetont, die macht doch etwas falsch. Nur ist das eben keine Begleiterscheinung wie der vom Bürostuhl schmerzende Rücken, der ja immer auch Ausweis des eigenen Ehrgeizes ist. Dabei ist der Rückenschmerz doch auch irgendwie ein gesellschaftlich gemachtes Problem, hinter dem unsere Karrierefixierung und Überstunden stehen, oder? Wir sehen es trotzdem anders und den schmerzenden Rücken als notwendiges Übel, das von äußeren Bedingungen ausgelöst wird. Die Fixierung auf den Körper ist im Gegensatz dazu selbst verschuldet. Es ist die fehlende Selbstliebe, auf der sie gründet. Es ist zu wenig Wollen und Willen, eine Schwäche eben.

Das irritierende »Du siehst super aus!« der Frauenzeitschriften gleich neben den Lebensmittelampeln ist damit auch eine Falle. Weil es davon ausgeht, dass Frauen ein Problem mit ihrem Äußeren haben müssen. So erzählt es von uns in einer permanenten Krise, aus der wir nur durch wohlwollende Äußerungen befreit werden können. Und weil uns nie die ganze Welt lieben kann, lernen wir, dass Komplimente von Menschen, die wir mögen, die beste Einheit für die Vermessung unseres Selbstwertes sind. Aus dem Tal der Selbstzweifel erlöst die holde Maid dann am zuverlässigsten ihr Ritter mit dem gönnerhaften »Ich liebe deinen Po auch so, Baby.« Und wir denken in diesen giftigen Momenten, dass wir Gefahr laufen, vielleicht ein bisschen weniger gemocht zu werden, wenn wir uns nicht um die letzten drei Kilo kümmern. Unsere Zweifel aber sind verständlich und ganz und gar nicht lächerlich oder Ausdruck einer frauentypischen Schwäche. Denn seit wir jung sind, hören wir immer wieder, dass unser Aussehen unsere Lebenschancen bestimmt. Wir bekommen unsere Bilder aus dem Fernsehen, aus Zeitschriften und von Webseiten. Sie illustrieren für uns, was Attraktivität bedeutet.

Als ich aufwuchs, war *Beverly Hills, 90210* meine Lieblingssendung. Ich erinnere mich noch genau an das Poster in meinem Zimmer. Mitten im Sand vor Meereskulisse standen Steve, Brandon, Luke und Brian, die männlichen Hauptfiguren und trugen die Frauen der Serie auf den Schultern. Kelly, Brenda und Donna trugen die typischen farbigen Bikinis der 90er-Jahre mit hochgeschnittenen Höschen. Andrea, die bebrillte ewige Klassenbeste der West Beverly High, mit nicht ganz so langen Beinen, so passender Oberweite, so mädchenhaften Gesichtszügen und so langen glänzenden Haaren ausgestattet wie ihre Kolleginnen (sondern eher mit unvorteilhafter Dauerwelle), trug allerdings T-Shirt und Shorts. Ich weiß, dass ich an diesem Poster vorüberging und überlegte, warum Andrea keinen Bikini anhatte. Vielleicht meinte man, es passe nicht zu ihrer Serienfigur (weil sie so intelligent war, haha), aber trotzdem waren alle an einem verdammten Strand. Und Andrea war es auch, die, als beinahe einzige Hauptfigur, die Highschool weitgehend ungeküsst und ohne Sex absolvierte. Ganze zehn Staffeln lang schafften es die Autoren und Autorinnen der Serie, die Beziehung zwischen ihr und Hauptfigur Brandon zu befeuern, ohne den beiden auch nur zwei Folgen lang eine Romanze zu gönnen. Dass Andrea auf diesem Strandposter T-Shirt und Shorts trug, mag Zufall sein. Aber in meiner Erinnerung trug Andrea immer andere Kleidung als die anderen Darstellerinnen. Ihr Beispiel steht für unzählige romantische Komödien, in denen das hässliche Entlein sich durch Gewichts- und/oder Brillenverlust zum Schwan mausert oder, als Schlusspunkt der Verwandlung, zum ersten Mal körperbetonte Sachen trägt. Was den Helden und die Zuschauerinnen zum unvermeidlichen Gedanken führt: »Sie hat ja doch eine ganz gute Figur. Die muss sie doch nicht verstecken.«

Da ist sie, die bekannte Logik. Wir sind darauf trainiert zu denken, mit einem perfekteren Körper würde es funktionieren: Der passende Partner klingelt, der bessere Job klopft an, wir haben überhaupt und überall mehr Spaß und können endlich die ganzen schönen Sachen anziehen. Sicher, mit einem Körper, der gemeinhin als schön gilt, mögen manche Dinge einfacher erscheinen. Wie, sagen wir mal, einen Job als Stripperin oder Model zu bekommen. Aber die wirkliche Antwort ist nicht: »Ich brauche einen anderen Körper, um mein Leben zu beginnen.« Sie lautet vielmehr: »Du kannst alle diese Dinge, die du haben möchtest, bereits jetzt haben, mit deinem jetzigen Körper.«

Ich habe in meinem Leben bisher vier Kleidergrößen getragen. Das Verrückte daran ist, als ich in eine 34 passte, also zu meinen dünnsten Zeiten, mochte ich mich selbst eigentlich am wenigsten. Damals, als ich fünf Mal die Woche Sport machte und versuchte, nicht mehr als tausend Kalorien am Tag zu essen, waren meine Oberarme zum ersten Mal frei von Winkefett und man konnte Hinweise auf Muskeln erkennen. Trotzdem war dies mein gehemmtestes und unsicherstes Selbst. Nicht zwangsläufig wegen Sport und Diät. Aber viel Sport und eine Diät machten mich auch nicht zu einem anderen Menschen. Pfunde zu verlieren bedeutet eben nicht, Probleme oder Selbstzweifel hinter sich zu lassen. Und im Umkehrschluss bedeutet abnehmen zu wollen auch nicht, dass sich jemand seinen Problemen nicht stellt.

Die Frauenzeitschriften mit ihrer Reduktionskost-Propaganda machen aber genau das mit uns, was das Wort verspricht. Sie reduzieren uns auf unseren Körper. Ihre Behandlung von Essen schränkt uns ein, sie verfälscht. Sie nimmt uns die Möglichkeit, Essensentscheidungen zu treffen, weil wir uns wertschätzten und nicht, weil wir uns nicht mögen. Vielleicht ist das auch einer der Gründe, warum Diäten so häufig scheitern. Negative Motivation funktioniert nämlich schlechter als positive. Durch eine allgegenwärtige Fixierung auf Körper und Kilos verlieren wir unsere Intuition, unseren Hunger. Denn es ist nicht intuitiv, sich das Essen zu versagen, wenn man hungrig ist. Wir müssen wieder lernen, uns selbst zu vertrauen. Wir sind keine Gefäße ohne Boden, wir müssen keine Angst haben zu essen, bis wir platzen, wenn wir uns frei machen von den falschen Botschaften. Intuitiv zu essen bedeutet das zu essen, worauf man Lust hat und sich nichts zu verbieten. Der Gedanke an Chips und Schokoriegel wird übermächtig, wenn sie zu verbotenen Früchten heranreifen. Ein intuitiver Umgang mit Essen bedeutet aber, dass es einfach und ohne Anstrengungen ist.[75] Dass wir Süßigkeiten essen und auch einmal den Rest der Tüte wieder wegstellen können, ohne ein Schloss am Schrank zu brauchen. Es bedeutet, so viel Kuchen zu essen wie man mag, aber eben nicht gar keinen Kuchen oder eher selten den ganzen Kuchen. Und es heißt, diesen Kuchen zu essen, ohne danach in Schweiß auszubrechen, weil man gar nicht schnell genug nach Hause kommen kann, um die nötigen zwei Stunden auf dem Laufband zu absolvieren. Unsere Entscheidungen, was unser Essen und unser Leben betrifft, werden von unserem Gefühl uns selbst gegenüber geleitet. Wenn diese Gefühle negativ sind, laufen wir eher Gefahr, uns mit Einschränkungen zu bestrafen, mit Diäten zu zügeln und Schuldgefühle zu kultivieren. Ich glaube, dass nur wenige gern hungrig mit bohrenden Gedanken an ihre Oberschenkel über Salaten sitzen. (Auch wenn es erstaunlich viele Bilder von Frauen gibt, die vor wahnsinnig witzigen Salaten sitzen und hysterisch lachen beim Verzehr.) Unser Körper ist mehr als ein Ding, das etwas wiegt oder an dem etwas besonders gut aussieht. Es ist nicht intuitiv, ihn nicht zu mögen für all das, was er für uns tut.

Langfristig entwickeln zwischen 20 bis 30 Prozent der mehrfachdiätenden Frauen eine Form von essgestörtem Verhalten. Damit sind nicht nur die bekannten Formen Anorexie oder Bulimie gemeint. Auch wenn diese Essstörungen zu den häufigsten psychosomatischen Erkrankungen von Mädchen und Frauen gehören. 2013 mussten 20 Prozent mehr essgestörte Mädchen stationär behandelt werden als im Jahr zuvor und die *FAZ* bezeichnete »Magersucht als Massenphänomen«.[76] Frauenzeitschriften lösen diese Essstörungen nicht aus. Aber Medien, die Körper idealisieren, können bestehende Krankheitsbilder verstärken. Ein Zusammenhang zwischen dem eigenen Körperbild und gesetzten Schönheitsidealen lässt sich bereits früh nachweisen. Das Robert Koch-Institut untersuchte über drei Jahre lang 17 000 Kinder und Jugendliche. Fast 22 Prozent der Elf- bis Siebzehnjährigen zeigten ein auffälliges Essverhalten, und zwar Jungen wie Mädchen gleichermaßen. Der Unterschied zwischen den Geschlechtern wurde erst ab dem siebzehnten Lebensjahr sichtbar. Fast dreimal so viele Mädchen (32 Prozent) wie Jungen (13,5 Prozent) zeigten nun Anzeichen für eine gestörte Beziehung zum Essen.[77] Eine entspannte Beziehung zu unserem Essen zu haben, hieße, dass man nicht unbedingt überlegt, was der Koch im Restaurant wohl für Fette und Öle verwendet, nicht jede Lebensmittelpackung eingehend auf raffinierten Zucker untersucht oder Gluten aus dem Speiseplan herausstreicht, ohne dass gesundheitliche Gründe vorliegen. Wenn diese Gedanken überhandnehmen, sollte man sich Hilfe holen. Essgestörtes Verhalten maskiert sich auch immer häufiger als sehr ausgeprägtes Gesundheitsbewusstsein. Auch wenn die Experten noch darüber streiten, ob man das dazugehörige Krankheitsbild, die Orthorexie, geprägt durch eine extreme Fixierung auf einen gesunden Lebensstil und die Vermeidung allen ungesunden Essens, anerkennen sollte.

Vermutlich hängt die steigende Zahl von Diätratgebern und neuen Ernährungsformen sogar auch mit dem stetigen Anstieg der Zahl der (nach BMI-Standards) Übergewichtigen in unserem Land zusammen. Jeder vierte Erwachsene zwischen 18 und 79 Jahren gilt als adipös. Die gesellschaftlich-allgegenwärtige Präsenz von Essen, die sich immer neu formierenden Regeln und die Bewertung des eigenen Verhaltens durch andere, führen für diese Menschen nicht selten »zu noch mehr Stress und damit zu einem erneut veränderten Essverhalten sowie zu weiterer Gewichtszunahme«.[78] Unsere gesellschaftliche Fixierung auf einen schlanken Körper macht dick. Und da ist es, das ultimative böse Wort: dick und sein noch gemeinerer Bruder, fett.

Dinge über das Dicksein, die Sie nie zu glauben wagten (und die Ihnen keine Frauenzeitschrift erzählt)

Wir haben Panik vorm Dicksein. Dicksein bedeutet, nicht geliebt zu werden. Und wir wollen geliebt werden. Etwas zu pathetisch? Nun, nicht nur Marius Müller-Westernhagen schmetterte es in den 80ern durch die Stadien (»Ich bin froh, dass ich kein Dicker bin, denn dick sein ist 'ne Quälerei«). Auch eine Umfrage einer

Krankenkasse zeigte, was wir über Dicke denken. Wir finden sie zwar ganz gesellig und lustig (wenn sie noch nicht zu dick sind), aber auch faul, irgendwie schmutzig und auf jeden Fall unästhetisch.[79] »Dicke sollen abnehmen, ungesund ist das sowieso und wegen der vielen Krankheiten, die im Zusammenhang mit Übergewicht stehen, auch noch belastend für unser aller sozialen Geldbeutel«, so denken wir. Das passt zu Experten, Gesundheitsministerien und Ärzten, die vor einer Adipositas-Epidemie warnen. Fett scheint ansteckend zu sein, zumindest aber eine hinter jeder Ecke lauernde Gefahr, der wir uns stellen müssen. Die Wörter »dick« und »fett« sind bis an den Rand mit Bedeutungen aufgeladen, dabei handelt es sich im Grunde nur um eine Beschreibung unseres Äußeren. Da wir aber unweigerlich zusammenzucken, wenn uns jemand »dick« nennt, während uns »brünett« nichts ausmacht, wird schnell klar, dass es eine Menge negative Bedeutungen sind, die hier mitschwingen.

Was auf den nächsten Seiten folgt, ist eine ein wenig andere Sichtweise. Sie widerspricht manchmal dem, was wir gehört und gelesen, in der Schule gelernt und vielleicht als gesunden Menschenverstand verinnerlicht haben. Wir sollten uns trotzdem darauf einlassen, auch wenn wir andere Dinge, andere vermeintliche Fakten, im Kopf haben. Bleiben Sie neugierig. Wir alle filtern neue Informationen durch unsere kulturellen Vorerfahrungen, durch das, was wir bereits wissen. Übergewicht ist in dieser Beziehung klar vorbelastet, durch genau diese Bilder von dicken Menschen als faul und willensschwach und von dünnen als attraktiv, begehrenswert und vor allem gesund. Wir glauben, dass sich unser Gewicht durch weniger Essen langfristig kontrollieren lässt. Und wer dies nicht tut, wird eben krank und stirbt früher als der Rest. Aber wir alle kennen auch Menschen, die mit dieser Sichtweise auf ihre Körperfülle zu kämpfen haben. Vielleicht sind wir sogar einer oder eine von ihnen. Wenn nicht, können wir uns aber zumindest vorstellen, wie es dieser Person geht, wenn sie denkt: »Mein Körper ist ein Versager, da stimmt etwas nicht mit ihm.« Warum sollten wir also nicht allein schon um ihretwillen eine neue Betrachtung des Dickseins zulassen? Und selbst wenn Sie am Ende dieses Kapitels weiterhin meinen, dass zusätzliche Kilos die Wurzel allen Übels sind und Fett bekämpfenswert, können wir uns vielleicht auf eines einigen: Das jetzige Modell scheint auf jeden Fall nicht richtig zu funktionieren. Denn es hilft nur sehr wenigen, langfristig Gewicht zu verlieren und wirklich gesünder zu werden. Stattdessen macht es viele krank und stigmatisiert das Dicksein. Deshalb finde ich, dass es Zeit ist, den Mythen über das Dicksein etwas entgegenzusetzen.[80]

Mogelpackung I: Dicksein ist automatisch und zwangsläufig ungesund

Schauen wir uns zunächst an, wie festgestellt wird, ob jemand zu dick ist, und ob man ihm oder ihr nahelegen sollte, Gewicht zu verlieren. Diese Entscheidung erfolgt heute immer noch am häufigsten auf der Grundlage des sogenannten BMI, des Body Mass Index. Er setzt das Körpergewicht mit einer einfachen Formel (Gewicht durch Größe im Quadrat) in Bezug zur Körpergröße. Es gibt hier und da kleine Abweichungen, Prozente werden für das Geschlecht abgezogen oder hinzugefügt, aber im Grunde ist es das. Der BMI ist eine einfache und praktikable Formel, die sich durchgesetzt hat. Und so kann man eigentlich wenig dagegen haben. Wenn diese Zahl nur nicht über so viel bestimmen würde. Ursprünglich zu Beginn des 19. Jahrhunderts von einem Statistiker entwickelt, war sie eigentlich nur zur Nutzung bei statistischen Vergleichen gedacht und nicht zur Bewertung von einzelnen Körpern und deren Gewicht. Heute gaukelt der BMI-Wert aber genau hier Objektivität und eine Möglichkeit zur Diagnose vor. Bis zu einem Wert von 25 gilt man als normal, zwischen 25 und

30 als übergewichtig und mit einem Wert über 30 als adipös. Dabei können zum Beispiel Menschen mit ordentlich Muskelmasse und dementsprechend höherem Gewicht leicht auf einen zu hohen Wert kommen. Und da haben wir noch gar nicht darüber geredet, dass die BMI-Werte für Kinder eine ziemlich willkürliche Herunterrechnung der Erwachsenenwerte sind, die noch mehr einer Grundlage entbehrt. Welcher Grundlage? Der, mithilfe dieses Wertes die *Gesundheit* der Untersuchten feststellen zu können. Der BMI ist nämlich nur eine Information über unser Körpergewicht im Verhältnis zu unserer Größe. Von unserer Gesundheit hat er eigentlich keine Ahnung.

Wie sollte er auch? Unsere Gesundheit ist eine komplexe Angelegenheit und hat nicht nur etwas mit unserem Gewicht zu tun. Das hört man so eher selten, oder? Stattdessen glauben wir wie selbstverständlich, dass Dicksein die Lebenserwartung verkürzt und eine entscheidende Rolle bei der Entstehung von begleitenden Krankheiten (Diabetes, Herz-Kreislauf-Probleme usw.) spielt. Und so folgern wir, dass die beste Methode, gesund zu sein und zu bleiben darin besteht, das eigene Gewicht zu reduzieren. Dabei gibt es auch Daten, die diese überall verbreiteten Annahmen überhaupt nicht stützen. Menschen, die sich in den BMI-Kategorien übergewichtig und adipös bewegen, leben ein langes Leben ohne Krankheiten. Übergewicht bedeutet nicht automatisch Krankheit.

Es stimmt, dass es viele Krankheiten gibt, die sich typischerweise bei übergewichtigen Menschen finden lassen. Aber heißt das, dass ihr Übergewicht der Auslöser für ihre Krankheit ist? Die meisten Studien, die ich gefunden habe, beruhen darauf, dass verschiedene Gruppen von Menschen, z. B. Normalgewichtige und Übergewichtige, über eine Zeit lang beobachtet werden. Die gesammelten Daten zeigen dann eine Beziehung zwischen Übergewicht und einer bestimmten Krankheit. Das heißt aber nicht automatisch, dass man Ursache und Wirkung zweifelsfrei gefunden hat. Schauen wir uns ein anderes Beispiel an, damit die Sache klarer wird: Nehmen wir an, wir finden heraus, dass Männer mit Glatze ein höheres Risiko haben an Herz-Kreislauf-Erkrankungen zu erkranken als Männer mit vollem Haar. Gehen wir deshalb davon aus, dass Haare vor Herz-Kreislauf-Erkrankungen schützen und geben ihnen eine Perücke? Wohl eher nicht, das klingt ein bisschen absurd. Also versuchen wir eher, die Zusammenhänge zu klären und die Werte noch einmal genau anzuschauen. Am Ende bemerken wir dann vermutlich, dass es außergewöhnlich hohe Testosteronwerte sind, die kahle Köpfe *und* Herz-Kreislauf-Erkrankungen verursachen können. Wir finden den Zusammenhang, ohne automatisch der Kahlköpfigkeit die Schuld zu geben. Genauso sollten wir auch mit Körpergewicht umgehen, denn Fett spielt nicht immer die wichtigste Rolle bei unserer Gesundheit. Bei Überlegungen zu Übergewicht und der Häufung von Krankheiten allerdings glaubt man nicht selten bereits die Antwort im ersten Schritt gefunden zu haben: Übergewicht macht eben krank.

Natürlich kann es trotzdem gute Gründe geben, für die eigene Gesundheit abzunehmen. Ich ziehe den Hut vor jeder Frau, die das schafft, die Frieden (oder zumindest Waffenstillstand) mit ihrem Körper geschlossen hat und die sich wohlfühlt. Warum ich trotzdem gegen Diäten und insbesondere gegen Werbung für das Kalorienzählen bin, hat folgenden Grund: Dass Dünnsein erstrebenswerter ist als Dicksein, wird uns nämlich sowieso bereits an jeder Ecke erzählt. Ich halte es einfach für unnötig, in einer Gesellschaft, die Schlanksein zum Ideal erklärt, noch unermüdlich darauf hinzuweisen, dass weniger Gewicht auf den Hüften auch gesünder sein könnte. Dicken Menschen wird nämlich bereits oft genug nahegelegt, dass sie abnehmen sollten. Dabei haben Menschen, die dünn, aber nicht fit sind, eine doppelt so hohe Sterberate wie nach BMI adipöse Menschen, die sich mehr bewegen. Man kann beinahe jeden Einflussfaktor auf unseren Körper anschauen, es kommt immer das Gleiche dabei heraus: Unfitte Personen sterben immer früher als fitte Teilnehmer (ausgenommen solche mit chronischen Krankheiten). Und zwar ganz egal, wie viel sie wiegen. Und wer nicht glaubt, dass man sich mit jedem Körper sportlich betätigen kann, kann gern eine kleine Internetsuche nach dicken Marathonläuferinnen, Schwimmerinnen und Yogalehrerinnen unternehmen.

Mogelpackung II: Mit Diäten nimmt man ganz sicher ab – Indianerehrenwort!

Das ist keine große Neuigkeit, dass Bewegung gut und gesund ist, oder? Und mit kontinuierlichem Sport nimmt man dann auch ab. Also stimmt im Grunde genommen die Annahme wieder, dass Dünnsein etwas mit Gesundheit zu tun hat. Nein, denn hier haben wir den dritten Mythos rund um unser Gewicht und unsere Gesundheit gefunden. Es ist längst nicht bewiesen, dass Sport schlank macht. Zu dieser Mogelpackung kommen wir aber später. Zunächst schauen wir uns das Thema »weniger essen« noch einmal genauer an. Die Grundannahme der meisten Diäten und Sportpläne zur Gewichtsabnahme ist es, dass man weniger Kalorien aufnehmen sollte, als man verbraucht. So entsteht ein Kaloriendefizit und um dieses aufzufüllen, geht der Körper an seine Reserven. Also purzeln die Pfunde. Jede, die allerdings schon einmal diätet hat, weiß, es ist nicht nur verdammt hart. Auf die lange Sicht kommt das Gewicht meist wieder, weil es ihm bei uns so gut gefallen hat.

Wenn wir uns die Anpassungsmechanismen unseres Körpers anschauen, überrascht das nicht. Auch die meisten Langzeitstudien kommen zu dem Ergebnis, dass Veränderungen am Lebensstil, zum Beispiel durch neue Ernährungsgewohnheiten oder Sport, nicht langfristig zu einem Gewichtsverlust führen. Bei niedrigerer

ERDBEER(EIS)TAGE

Kalorienzufuhr sucht sich unser Körper nämlich Umgehungswege. Beispielsweise sinkt die Leptinzufuhr, wenn wir weniger essen, als wir müssten. Das führt zu einem größeren Hungergefühl und unser Stoffwechsel verlangsamt sich ebenfalls. Da unser Körper denkt, es drohe ihm Hunger, nimmt er nun alle Kräfte zusammen, um uns auf Nahrungssuche zu schicken. Das heißt, wir denken ununterbrochen ans Essen. Und zwar an das böse Essen. Die amerikanische Professorin Linda Bacon weist auf das Zusammenspiel bestimmter Hormone hin, die sofort unseren Heißhunger auf Hochkalorisches auslösen, wenn wir unsere Kalorienzufuhr reduzieren.[81] Ich kenne das Phänomen auch: Vor einer Diät hatte ich kaum Lust auf Schokolade, während der Diät plötzlich ein unstillbares Verlangen danach. Die viel zitierte Gewöhnung an die neuen Gegebenheiten setzt rein biologisch betrachtet nicht ein, das tiefe Tal, durch das man vermeintlich muss, bis der Körper weiß, dass die neue Kalorienzahl niedriger ist als die alte, gibt es nicht. Im Gegenteil, je mehr wir diese »Rettungsmechanismen« unseres Körpers ignorieren, also weiter weniger essen als wir müssten, desto mehr strengt sich unser Körper an, Alarm zu schlagen. Wir werden immer hungriger. (Das wäre übrigens auch eine Erklärung, warum Menschen, die immer wieder diäten, auf lange Sicht eher zu- als abnehmen.) Je mehr wir unserem Körper das Gefühl geben, ihm die Grundlage seiner Existenz zu entziehen, desto aggressiver wird er beim Ausdruck seines Unwillens. Er setzt alle Energie dafür ein, dass wir wieder essen. Und er schichtet Energie aus wichtigen Körperfunktionen um in der Hoffnung, dass wir endlich merken, dass hier etwas schiefläuft. Deshalb wird vielen während einer Diät zum Beispiel schneller kalt oder sie können sich schlechter konzentrieren.

Natürlich kann man sich all dem mit viel Kraft entgegenstellen. Es kann gelingen. Selbstverständlich gibt es Menschen, die diäten und das verlorene Gewicht auch langfristig nie wiedersehen. Aber das sind absolute Einzelfälle. Und diese Einzelfälle fördern unsere Vorstellung davon, dass es auch allen anderen möglich ist, wenn man sich nur genug anstrengt. Während es aber bei anderen Gelegenheiten wie beim Lottospielen ganz charmant sein kann, darauf zu hoffen, der Einzelfall zu sein, sollte man mit seinem Körper anders umgehen. Wenn wir uns seine ganzen Anstrengungen, uns zum Essen zu bringen, nämlich noch einmal durch den Kopf gehen lassen, fällt vor allem eines auf: Unser Körper ist eine ziemlich fantastische Maschine und meint es wirklich gut mit uns. Deshalb sollten wir vielleicht versuchen, es auch wieder gut mit ihm zu meinen. Und das könnte im ersten Schritt heißen, dass wir nicht mehr so streng zu ihm sind. Die einfache Formel »weniger Kalorien ist gleich Gewichtsabnahme ist gleich Gesundheit« ist auf jeden Fall nicht allgemeingültig. Oder lassen Sie es mich zum Abschluss noch einmal mit Linda Bacon sagen, aus deren Buch die Beispiele stammen, die wir gerade kennengelernt haben: »Manche Raucher werden 90 Jahre alt. Ich würde das Rauchen trotzdem nicht als Rezept für ein langes Leben empfehlen.«[82]

Dünn zu sein oder Gewicht zu verlieren, macht uns also nicht automatisch gesünder. Die Verbindung, die Frauenzeitschriften bei ihren zahlreichen Ernährungstipps ziehen, ist falsch. Sie schadet den »Normalgewichtigen«, weil sie ihnen ein schlechtes Gewissen macht und ihr Essverhalten stört, und sie schadet den »Dicken«, weil sie sie weiter stigmatisiert. Die Zahl auf unserer Waage hat lange nicht den Einfluss, den wir ihr zubilligen. Aber auch die heilige Einheit aus Ernährung und Bewegung ist nicht allein das, was uns gesund erhält. Faktoren wie unser individuelles Stresslevel, die Qualität unserer Beziehungen zu anderen Menschen und unser sozialer Status spielen ebenfalls eine große Rolle, wenn es um unsere Gesundheit geht. Es ist einfach die falsche Herangehensweise, sich ausschließlich auf den Körper zu konzentrieren.

Wir haben Panik vorm Dicksein, weil wir glauben, es macht

uns krank und einsam. Diäten aber machen nicht gesünder, glücklicher oder zufriedener. Ob Diäten in der eigenen Wahrnehmung schöner machen, ob sie die Entbehrungen, die schlechte Laune und den Zeiteinsatz wert sind, das muss jede für sich selbst entscheiden. Eines ist auf jeden Fall klar: Einen Körper, den die Frauenzeitschriften erstrebenswert finden, werden wir nie erreichen. Denn es gibt immer etwas zu optimieren. Einigermaßen gesund zu essen ist trotzdem eine gute Idee. Genauso wie eine Runde durch den Park für die eigene Gesundheit immer die bessere Entscheidung ist, als traurig Kalorien zu zählen. »Haha«, rufen die Frauenzeitschriften, »da haben wir doch etwas für euch. Sport finden wir nämlich mindestens genauso super wie Ernährungstipps.«

»Bauchmuskeln, überall Bauchmuskeln« oder Mogelpackung III: Sport macht schlank

Früher, in der guten alten Zeit, lange bevor Aerobic erfunden wurde und Cross Fit sowieso, war der Körper irgendwie unser Schicksal. Die Gutaussehenden und Kräftigen hatten es eben ein bisschen einfacher, weil sie den Genjackpot geknackt hatten. Damit musste man sich abfinden. Heute liegt alles in unserer Hand. Mit ein bisschen Bewegung können auch wir zum »Size Hero« werden. Es winken flacher Bauch, Knack-Po und endlich schöne Beine. Das sind die mit den »straffen Waden und schlanken Schenkeln«. Dafür braucht es nur die richtige »mentale Power« und ein paar »winzige Tricks für den flachen Bauch ganz nebenbei«. Es liegt nur an uns, »endlich Neustart zu drücken«, denn »Da geht noch mehr«. Kaum ist die Zeitschrift aufgeschlagen, findet man überall Rekordzeiten und mehr Garantien als bei der Riesterrente, dass es dieses Mal wirklich klappt mit dem sexy Körper. Zwischen den Seiten lauern jede Menge »Fettkiller-Workouts« und »Fit Facts« –

und schon wieder so ein »Wow, Superbauch«. Jeden Tag nehmen wir so eine Menge ungebetener Ratschläge beinahe im Vorbeigehen mit. Wir bekommen erklärt, wie wir uns drehen, hüpfen und heben sollen, wie wir planken und plungen, wie wir richtig stretchen und rennen und endlich unsere Mitte stärken. Das Ziel scheint klar: Wir wollen fit sein. Aber was ist eigentlich Fitness? Muss man dafür einen Marathon laufen können oder fünfzig Kilogramm beim Bankdrücken schaffen? Ist es die Fähigkeit, die Heuschrecke beim Yoga perfekt auszuführen oder sollten wir nur nicht außer Atem kommen, wenn wir unsere Kinder über den Spielplatz jagen? Nicht selten scheint fit nämlich einfach nur zu bedeuten, dass wir super im Bikini aussehen.

Ich stehe vor dem riesigen Zeitschriftenregal und ich weiß es nicht. Ich weiß wirklich nicht, was Fitness ist. Und dann kommt mir ein Gedanke: Fitness bedeutet anscheinend Bauchmuskeln zu haben. Ich schaue nämlich auf eine Wand aus Bauchmuskeln. Sie sind überall – von vorne fotografiert, von der Seite, gepaart mit weißen Zähnen und gebräunter Haut. Es gibt sie in »sofort«, »schnell«, »steinhart« und selbstverständlich immer wieder im unvermeidlichen »sexy«. Hinter den Mythen um unsere Fitness steckt, wie so ziemlich hinter allem, was unseren Körper betrifft, eine Industrie. Eine Industrie, die sehr darum bemüht ist, uns zu erklären, was Fitness bedeutet. Aber sie haben so viele Nachrichten in die Welt geschossen, dass es mir trotzdem ein wenig unerklärlich erscheint – bis auf die Bauchmuskeln. Dass Bewegung keine schlechte Sache ist, haben wir bereits gesehen. Außerdem macht Sport uns klüger, schneller und stärker. Und das meine ich wirklich ganz unironisch. Aber was wir nun genau tun sollen, um fit und gesund zu sein, ist bis zur Unkenntlichkeit hinter den vielen Wörtern, Videos und Bildern verschwunden. Denn wenn man in die Zeitschriften schaut, ist es wieder einmal alles sehr kompliziert. Die meisten von uns machen nämlich nicht nur zu wenig Sport, sondern auch immer den falschen. Den, der nicht effektiv genug ist, nicht zu unserem Körpertyp, unserer Blutgruppe oder unserem Netflix-Profil passt. Die Art Sport, bei der die ganze Anstrengung umsonst ist, weil man mit viel weniger doch so viel mehr erreichen könnte.

Das Rattenrennen zum gesünderen und fitteren Körper hat begonnen. Das ist einer, der ohne Probleme altert und uns keine Steine in den Weg legt, wenn es um unsere Pläne geht. Ein Körper, den wir kontrollieren können oder der sich selbst kontrolliert. Einen, der gesund ist. Aber, Moment. Machen wir uns denn wirklich Gedanken um unsere Gesundheit, wenn wir Sport machen? Warum sagen wir dann nicht: »Mensch, du hast aber einen super Blutdruck. Und wie du heute wieder alles gegeben hast, dein Cholesterin wird es dir danken.« Vielleicht ist die Gesundheitsbotschaft doch nicht ganz angekommen? Was vermutlich daran liegt, dass sie in den Zeitschriften genauso wenig ernst gemeint ist wie der »Love your Body«-Artikel nach den drei Seiten »Blitz-Workout«. In unserer Lieblingslektüre gibt es statt tollem Blutdruck für die Gesundheit nämlich den »Victoria's-Secret-Model-Körper« in 28 Tagen. Mit dem kann »garantiert jede Frau wie eine langbeinige Unterwäsche-Vorführerin aussehen«. Pause. Entschuldigung, ich habe mich gerade angesichts von so viel Unsinn an einer Karotte verschluckt. (Gott sei Dank eines der im dazugehörigen Ernährungsplan erlaubten »Modelgemüse«, neben Sellerie und Gurke, und nicht ein verbotenes »Nicht-Model-Gemüse« wie Kartoffeln oder Erbsen.[83]) Wie viel es um Optik geht, zeigt auch die Tatsache, dass es die Körper von Models, Schauspielerinnen und It-Girls sind, denen wir nacheifern – und nur selten die von Sportlerinnen.

Aber wir wollten ja hinter den Mythos schauen, dass Sport immer schlank macht. Als britische Frauen 2013 befragt wurden, welche

Maßnahmen sie für ihren Traumkörper ergreifen würden, wählte eine Mehrzahl die Schönheitsklinik anstelle von Sport.[84] Trotz all der Versprechen ist es tatsächlich ziemlich schwierig, das Aussehen des eigenen Körpers nur mit Sport maßgeblich zu verändern. Bauchmuskeln gibt es eben doch nicht an jeder Ecke. Mit Sport als Wundermittel zum Abnehmen verhält es sich ähnlich. Rein biologisch gesehen, nehmen wir mit dem Alter nämlich erst einmal ganz natürlich an Gewicht zu. Eine groß angelegte Studie begleitete über dreizehn Jahre lang mehr als 34000 Frauen, der Altersdurchschnitt lag bei 54 Jahren. Das Ergebnis: Die Frauen, die jeden Tag eine Stunde Sport machten, hatten die größte Chance, weniger als 2,6 Kilo zuzunehmen. Diese 2,6 Kilo waren nämlich der Durchschnitt dessen, was im Schnitt alle Frauen im Verlauf der Jahre zunahmen.[85] Das kennen wir schon aus dem Kapitel zum Altern, die eigentliche Diätschlagzeile müsste richtig lauten: »Mit diesen zwanzig Minuten Training am Tag sehen Sie im nächsten Jahr noch genauso aus wie heute.« Aber auch solch eine Schlagzeile würde danach klingen, als würde man mit regelmäßigem Sport automatisch Gewicht verlieren. Unsere Körper sind aber ziemlich effizient. Sie brauchen nicht besonders viele Kalorien für sehr komplizierte Aufgaben. Wer schon einmal die Nährwertangaben von Lebensmitteln angesehen hat, um sie mit dem zu vergleichen, was man durch Sport wieder an Kalorien verliert (eine absolut nicht notwendige Tätigkeit, aber für meine Beweisführung sinnvoll), weiß Bescheid. Da kommt schnell ein halber Arbeitstag zusammen, wenn man vorhat, die Frühstückspfannkuchen wieder abzutrainieren. Deshalb habe ich mir eine gewisse Skepsis zugelegt, wenn jemand sagt: »Ich kann essen, was ich will, weil ich so viel Sport mache.« Dieser Satz entspricht vermutlich nur der Wahrheit, wenn die betreffende Person a) professionelles Model ist, deren Arbeitstag tatsächlich aus dem Verbrennen der Pfannkuchen besteht, b) gerade für den Iron Man trainiert oder c) mit »alles essen, was sie will« gedünstetes Hühnchen mit Brokkoli meint.

Denn unsere Zellen verbrennen nicht so viele Kalorien, wie manche Sportpläne es gerne hätten. Selbst wenn diese Zellen Muskeln heißen. Wir lesen häufig: »Muskeln verbrennen mehr Kalorien als Fett«, und schlussfolgern als aufmerksame Leserin, dass wir theoretisch mehr essen können, weil wir durch Sport Muskeln aufbauen. Hier lohnt sich ein wenig Rechenarbeit, auch wenn wir Frauen sind. 500 Gramm Muskeln verbrennen je nach Konstitution und Grundumsatz ungefähr sechs bis zwanzig Kilokalorien, wenn sie einen Tag lang in unserem Körper rumhängen. Sechs Kilokalorien. Ein Apfel hat ungefähr hundert Kilokalorien. Ich bräuchte also von heute auf morgen acht Kilo zusätzliche Muskelmasse, um meinen Apfel zu verbrennen (wir tun jetzt einmal so, als gäbe es den Rest meines Körpers nicht). Ich kenne mich mit Krafttraining nicht gut aus, aber ich glaube, das ist eine ziemliche Aufgabe für eine Normalsterbliche.

Nicht mit eingerechnet habe ich natürlich, wie viele Kalorien man durch das Posieren mit den neuen Muskeln verbrennt. Das ist unter Umständen eine unterschätzte Größe beim Kalorienverbrauch. Deutschlands erfolgreichste Fitnessinstagramerin Pamela Reif, die auf Krafttraining setzt, erzählte Markus Lanz immerhin, dass sie um die zwanzig Fotos von sich macht, um dann eines davon für Instagram auszuwählen. Da kommt wahrscheinlich einiges zusammen für den Grundumsatz. Wir können uns aber sicher trotzdem darauf einigen, dass »Muskeln verbrennen mehr Kalorien als Fett« vielleicht richtig ist, aber im Zusammenhang mit Gewichtsabnahme trotzdem eine ziemliche Sinnlosaussage.

Mit dem Abnehmen durch Sport ist es also so eine Sache. Und mit den Bauchmuskeln auch. Mit Workouts für Beine, Arme, Bauch und Po wird gern suggeriert, dass wir bestimmte Regionen unseres Körpers sozusagen allein trainieren können, wenn wir Madonnas Oberarme oder Shakiras Bauchmuskeln haben wollen. Muskeln liegen im Körper aber unter dem Fett. Und es ist schlicht nicht möglich, ausschließlich an einer ausgesuchten Stelle Fett zu verlieren. Einmal ganz davon abgesehen, dass Abnehmen sowieso nicht nötig, rein biologisch nicht vorgesehen und allein mit Sport und Diäten langfristig für die wenigsten möglich ist, wie wir ja gesehen haben. Die einzige Möglichkeit, doch noch an Bauchmuskeln zu kommen, wäre also, uns zu schinden und überall genug Fett zu verlieren, damit sie sichtbar werden. Natürlich braucht man dafür an der besagten Stelle überhaupt erst einmal Muskeln darunter, und dafür kann man die Madonna-Armübungen gern machen. Um aber überall sichtbare Muskeln zu haben, wo die Frauenzeitschriften diese so schön finden, dafür bräuchte man einen ziemlich geringen Körperfettanteil.[86]

So, dann wären wir durch mit allen Mogelpackungen und Mythen, und jetzt drängt sich Ihnen vielleicht folgende Frage auf: »Ja, was soll ich denn nun machen?« Das bedeutet leider, dass ich etwas falsch gemacht habe. Denn ich wollte eben keine Fitnessmythen entlarven, um mit dem zweihundertsten neuen guten Rat zu enden, wie man sich nun bewegen muss, um vielleicht doch noch dünn zu werden und ein paar ordentliche Bauchmuskeln zu besitzen. Ich wollte Ihnen, liebe Leserinnen, eher Lust auf sich selbst machen, auf die wunderbaren Dinge, die Ihr Körper leisten kann und auch ein bisschen auf Sport. Auf Ihren ganz eigenen Sport, ganz losgelöst von den Hochglanzseiten mit »Sexy Body Workouts für jedes Level«. Denn den gibt es, diesen Sport. Man kann ihn finden. Und das sage ich nicht nur so. Denn ich bin das Mädchen, das immer als Letzte beim Völkerball gewählt wurde.

Sport und ich

Der Sport und ich, wir hatten keinen guten Start. Im Grunde genommen hatten wir gar keinen Start. Ich war als Kind in keinem Sportverein, und es hat 25 Jahre gedauert, bis meine Eltern mir ihre Ängste offenbarten, aber ich war als Kind generell nicht sonderlich viel an der frischen Luft. Ich war ganz gern allein und habe viel gelesen. Nun weiß ich um das Bild in ihrem Kopf und möchte, obwohl ich selbstverständlich komplett uneitel bin, doch kurz betonen, dass ich in der Pubertät keine Probleme mit unreiner Haut hatte und nicht Besitzerin einer festen Zahnspange war. (Weil mir ein sadistischer Augenarzt erst mit sechzehn Jahren Kontaktlinsen verschrieb, stimmt aber das mit der Brille.)

Aber zurück zum Sport. Ich bin eigentlich ein ehrgeiziger Typ, aber sehr wählerisch bei den Zielen, auf die ich meinen Ehrgeiz richte. Ich renne ungern gegen Wände, die ich nicht einreißen kann. Daher hat mir meine erste Begegnung mit Sport in der Schule nur dieses beigebracht: Sport kann man – oder nicht. Da kannst du nichts machen. Wenn ich wieder einmal versuchte, den Dreitausend-Meter-Ausdauerlauf hinter mich zu bringen, ohne zu kollabieren, kam von diversen Sportlehrern nichts außer mitleidiger Blicke und der Note fünf. Während man sich in Fremdsprachen durch Vokabellernen und in Chemie durch Abschreiben verbessern konnte, gab es hier anscheinend nichts, was ich tun konnte. Das setzte in mir folgende Überlegung frei: Wenn ich mithilfe maximaler Anstrengung eine fünf erhalte, durch Nichtteilnahme aber eine sechs, dann lasse ich es am besten einfach ganz. Das klappte zunächst ganz gut, aber dann wurde es meinem Sportlehrer zu viel. Die sechs, so ließ er mich wissen, war mehr als disziplinarisches Mittel gedacht und nicht als Ausweg für meine verbleibenden Jahre. Genau in diesem Moment wurde der Sportunterricht aufgrund mangelnder Turnhallenkapazität nach draußen und in die Sommermonate verlegt. Ein paar rote

Flecken nach der ersten Stunde brachten mich auf die Idee und ein ortsansässiger Allgemeinmediziner war durch die langjährige Praxis in seinem Berufsethos so verwaschen, dass er mir von nun an jede Woche eine Bescheinigung für Sonnenallergie (völlig ungeachtet der meteorologischen Bedingungen) ausstellte – die ganzen verbleibenden drei Jahre lang. Es liegt mir fern, seine Expertise bei der Erstbegutachtung infrage zu stellen, aber die Symptome traten danach nie wieder auf. Während der Sportstunden sonnte ich mich nun mit anderen Aussteigern (»Ich habe meine Tage«, »Mir ist schlecht«, »Sportzeug vergessen«) neben der Laufbahn. Hier passierte nun nichts Interessantes mehr, also spulen wir ein paar Jahre vor.

Komischerweise wurde mir mein ganzes Leben lang immer unterstellt, dass ich sportlich bin. Das liegt an meiner vererbten Physis und, wie wir bereits wissen, an der verbreiteten falschen Vorstellung, dass man dick sein muss, um unsportlich zu sein. Auf genau diese folgenschwere Fehlinterpretation ging nun meine nächste demütigende Sporterfahrung an der Uni zurück. Sagen wir es so: Die Entspanntheit der Erstsemester-Beachvolleyballerinnen beim Spaßturnier (»Komm doch mit. Bisschen Bierchen, bisschen Sonne, bisschen bewegen«) verflog schnell, nachdem ihnen klar wurde, dass mein vorheriges: »Ich kann mitkommen. Aber in der Schule wurde ich immer als Letzte gewählt«, nicht ironisch gemeint war.

Nun hätte all dies wohl gereicht, um ein Leben lang zu kapitulieren. Ich hatte aber noch nicht genug und immer irgendwo im Hinterkopf diese Idee, dass mein Körper vielleicht doch in Bewegung ganz gut funktionieren könnte. Also arbeitete ich als Nächstes mit einem Joggingprogramm aus einem Laufratgeber, mit dem angeblich *jede* (jede, also auch ich) Joggen lernen kann, wie bei der Mount-Everest-Besteigung langsam nach vorn. Ich lief, ohne Sauerstoff, wochenlang zwei-eins-zwei (zwei Minuten gehen, eine Minute joggen, zwei Minuten gehen), dann eins-zwei-eins, dann drei-zwei-drei … bis zu einer reinen Joggingzeit von fünfzehn Minuten.

Und es funktionierte! Aber es machte null Spaß. Auch, weil ich keine völlig einsamen Strecken fand. So musste ich in jeder Gehen-Zeit ungewollte Unterbrechungen (Wasser trinken, Schuhe binden …) simulieren, wenn mir andere Jogger lächelnd begegneten. Da mir also schon eine Minute Gehen vor Fremden peinlich war, beschloss ich als Nächstes, das Joggen aufzugeben und mich in einem Fitnessstudio anzumelden. Eine vollkommen logische Entscheidung. Die Erniedrigung des Erstbesuches, ich glaube, es hieß »kostenlose Einschätzung meines persönlichen Fitnesslevels«, ließ diesen aber gleich zu meinem letzten werden.

Der wirkliche Auftakt meines sportlichen Lebens begann, irgendwie passend zu meinem Typ und meiner Gesamtgeschichte, vor dem Fernseher. Mit der Spielkonsole Wii darunter. Hier war das Einstiegslevel niedrig genug. Zuerst bastelte man sich ein putziges Ich im Fernseher zusammen und fing dann an, ein bisschen mit ihm zu bowlen. Ich weiß natürlich, dass das noch kein Sport ist. Aber, mich vor dem Fernseher zu bewegen, war mein Ding. Was folgte, waren unzählige DVDs mit Seilspringen, Liegestützen, Hampelmann und anderen schönen Ideen, bei denen ich immer den Ton abdrehen musste, weil mich das Gerede von stahlharten Bauchmuskeln und Killer-Thighs nervte. Kniebeugen und Armbeugen oder Squats und Curls, wie es jetzt hieß, hatte ich in meinem Leben alles sogar schon einmal gemacht – wahrscheinlich sogar im Schulsport. Aber dieses Mal klappte es. Zuhause, in den eigenen vier Wänden, in ausgebeulten Klamotten, es passte einfach. Und das Joggen fiel mir nach sechs Monaten auch leichter und machte sogar zunehmend Spaß.

Heute hüpfe ich mehrmals die Woche vor dem Fernseher auf und ab. Und wenn ich ein paar Wochen nichts mache, vermisse ich es sogar ein wenig. So richtig gerne mache ich immer noch ganz andere Dinge und meistens ist das Gefühl danach auch nicht so super, wie ständig versprochen wird. Aber ich habe etwas für mich gefunden. Etwas, das ich kann. Sport, den ich kann. Unabhängig von allen Mythen, Diättipps und Figurhypes bewegen sich die meisten von uns nämlich tatsächlich zu wenig. Regelmäßig Sport zu machen, macht es mir wirklich leichter, für das Leben als Ganzes fit zu sein. Damit hätten wir auch die Frage beantwortet, was Fitness für mich bedeutet. Und dann kann es einem auch wirklich egal sein, dass die Bauchmuskeln hartnäckig auf den Zeitschriften kleben bleiben.

SEXBOMBE

Warum dieses Buch gern ohne Männer auskommen würde, es aber doch nicht geht

Sie wollen nicht länger allein sein? Kein Problem. Mit Hilfe der »10 Tipps für den erfolgreichen Männerfang«[87] aus einer meiner Lieblingszeitschriften habe ich exklusiv nur für Sie ein Szenario entworfen, mit dem nun wirklich nichts mehr schiefgehen kann. Laden Sie den Angebeteten einfach zu sich nach Hause ein und lassen Sie der Magie ihren Lauf. (Zur besseren Festigung befinden sich die Originaltipps der Frauenzeitschrift jeweils in Klammern.)

Öffnen Sie die Tür in einem schwarz-weiß-rot-gestreiften Ensemble, zur Not ist eine ägyptische Flagge umzuschneidern. (»Wenn Sie die richtigen Farben tragen, vermitteln Sie Ihrem Gegenüber unbewusst bestimmte Charaktereigenschaften. Schwarz ist sehr geheimnisvoll, Weiß steht für unschuldig, Rot lässt Sie verrucht wirken.«) Das so entstandene Kleidungsstück sollte allerdings gleichzeitig Haare, Lippen, Brüste, Po und Beine betonen. (»Betonen Sie alles, was Männern sofort ins Auge fällt: Haare, Lippen, Brüste, Po, Beine.«) Aus Gründen der Vereinfachung empfehle ich daher, als einziges Kleidungsstück ein Stirnband zu tragen. Eventuell kann noch ein Stück Stoff lässig um den Handrücken geknotet werden. Den Rest lassen Sie vielleicht einfach am besten nackt, das betont immer noch am zuverlässigsten. In Ihrem Mund befindet sich bereits beim Öffnen der Tür ein Strohhalm, an dem Sie genüsslich ziehen (»Sorgen Sie dafür, dass er an Sex denken muss, aber bitte unauffällig!« Tipp der Expertin: »Trinken Sie mit Strohhalm«), während Sie geheimnisvoll lächeln (»Lächeln Sie ihn geheimnisvoll an.«). Mit den noch freien Händen beginnen Sie nun, Ihre eigene Schulter zu berühren und arbeiten sich langsam zu Ihren Brüsten vor – aber bitte möglichst unauffällig und beiläufig. (»Wenn Sie sich dann auch noch ganz beiläufig an Stellen berühren, die auch Ihr Gegenüber sicherlich gerne mal anfassen würde, haben Sie ihn auf Ihrer Seite.«) Währenddessen fixieren Sie mit festem Blick seine Lippen. (»Wandern Sie immer wieder mit Ihrem Blick zu seinem Mund und stellen sich vor, wie Sie ihn küssen.«) Jetzt wird es ein wenig kompliziert. Noch bevor das Objekt Ihrer Begierde die Türschwelle übertreten kann, beenden Sie die Streichelaktion und der Begrüßungssekt wandert in Ihre Hand. Während er zum Gang in die Wohnung ansetzt, reiben Sie den Stiel des Glases. (»Streicheln Sie ›unbewusst‹ Ihr Glas.«) Dabei bleibt Ihr Blick fest auf seinen Lippen. Schließlich bitten Sie ihn mit folgenden Worten hinein: »Komm doch rein, das Rinderfiletsteak (»Beeindrucken Sie ihn mit leckeren Rezepten, zum Beispiel Rinderfiletsteaks«) stöhnt schon (»Benutzen Sie beiläufig Begriffe, die ihr Gegenüber aus anderen Zusammenhängen kennt wie lecken, blasen, lutschen, stöhnen, reinstecken« – stöhnen: check) unter der Last der Alufolie im ordentlich gewarteten Ofen (»Geben Sie ihm ein sicheres Gefühl«). Ich muss nur noch schnell diese Luftballons aufblasen (beiläufige Begriffe – blasen: check), wenn ich mein Kräuterbonbon aufgelutscht habe (lutschen: check), welches ich mir gerade in den Mund reinsteckte (reinstecken: check), kurz bevor du kamst und nachdem ich mir die Lippen leckte (lecken: check). Sie sind ganz trocken, weil ich meinen Labello verloren habe. Ich glaube, er ist hinter meine Kommode mit Schminkspiegel gerollt. Vielleicht könntest du mir helfen (»Geben Sie ihm das Gefühl, ein toller Kerl zu sein«), sie kurz abzurücken, du kluger, starker Mann? (»Schmeicheln Sie ihrem Gegenüber.«) An dieser Stelle fragt ihr Besuch vielleicht leicht irritiert: »Geht es dir gut?« Lassen Sie sich jetzt bloß nicht auf der Zielgeraden verunsichern! Sie antworten mit fester

Stimme: »Natürlich, ich war nur kurz abgelenkt (»Sobald er Sie auf Ihr Verhalten anspricht, antworten Sie, dass Sie gerade abgelenkt waren«), weil ich mir überlegt habe, wann du wusstest, dass du einfach deinem Gefühl folgen musst und Steuerbeamter werden solltest.« (»Bringen Sie Ihr Gegenüber dazu, über Gefühle zu reden! Wenn er von seinem Job erzählt, fragen Sie ihn, ob er von klein auf von diesem Job geträumt hat.«)

Und fertig. Das war es schon, so einfach geht das mit der Liebe. Noch bevor der junge Mann sich seiner Jacke entledigt hat, wird er der Ihre sein. Wie versprach die Frauenzeitschrift gleich zu Beginn ihres hilfreichen Artikels: »Mit unseren Strategien bekommen Sie jeden Mann rum – und zwar so, dass er es nicht merkt und auch noch denkt, er hätte Sie erobert.« Genial. Sie brauchen mir übrigens nicht zu danken. Ich freue mich, wenn Sie sich freuen. Es reicht daher völlig, wenn Sie Ihr Erstgeborenes *Cosmopolitan* nennen.

Früher waren es die SMS auf dem Prepaidhandy, die im nächtlichen Halbdunkel den Raum erleuchteten. Irgendwann war das Guthaben aufgebraucht und unser Gespräch vorbei. Aber ich hatte trotzdem noch jedes seiner Worte vor mir und konnte sie mir den Rest der Nacht immer wieder durchlesen. Kurz vor den Prepaidhandys saß ich am Telefon und wartete auf seinen Anruf. Dabei ruft heute kaum noch jemand an. Man kann froh sein, wenn man eine WhatsApp bekommt, die mehr Buchstaben als Emojis enthält und nicht nur ein genervtes Wischen in irgendeiner Dating-App. Aber ganz egal, um welche Kommunikationsform es sich handelt, Frauen philosophieren immer noch gern über die Aussagen von Männern. Als wären die Gedichtinterpretationen in der Oberstufe nicht genug gewesen, denken wir uns Gefühle in jeden Buchstaben, analysieren Rechtschreibfehler, als würden wir im Kaffeesatz lesen und wissen genau, was eine Verzögerung bei einer Antwort bedeutet. Hierbei entwickeln wir die gleichen Talente wie beim alljährlichen Bleigießen, bei dem auch jedes Jahr die gleiche Form (der »Tropfen«) als etwas völlig Neues erkannt wird. Am Ende triumphiert immer, denn das ist die Regel des Spiels, Optimismus über das Offensichtliche. (»Er hat sich seit zwei Wochen nicht gemeldet, was bedeutet das nur?«) Aus nichts wird so Bedeutsames (»Er hat nur ›danke‹ zurückgeschrieben und nichts weiter«) und aus Sicherheit wird Angst, bevor sie überhaupt zu Unsicherheit werden konnte (»Wird er morgen wirklich auftauchen?«). So werden unsere Nachrichten zu flehenden Bitten (»Finde mich gut!«).

So funktionieren Frauen, wenn man den Zeitschriften glaubt (und ein bisschen ist auch etwas dran, weil wir sie zu viel lesen). Mit schöner Selbstverständlichkeit bilden sie uns Monat für Monat zu Gedankenleserinnen der männlichen Psyche aus. Kolumnen, in denen uns Männer die Männer erklären, sind da die Königsdisziplin. In der *Cosmopolitan* macht das der hauseigene »Manthropologe« Moritz, und die *Jolie* hat Thilo, den selbstkritischen Autor des Werkes *In 80 Frauen um die Welt*. Die ganze Erklärerei basiert auf einer einfachen Annahme: Frauen wollen gern von allen Männern gut gefunden werden. Die Option, mit geradem Blick und aufrechtem Gang eine Situation zu verlassen, wenn man einmal nicht gut gefunden wird (und zwar, ohne sich postwendend in ein verzweifeltes Häufchen Elend zu verwandeln), besteht so gut wie nie. Und in Beziehungen wollen wir sexy sein und süß, aber bloß nicht anecken. Nichts diskreditiert eine Frau, die lautstark ihre Meinung äußert, schließlich mehr als ihre Optik, ihre Kinderlosigkeit oder das Fehlen eines Partners. »Ach, die hat doch nur keinen abgekriegt«, also das eigentliche Lebensziel verpasst, heißt es dann, wenn auch nur in Gedanken.

Schon die ersten Frauenzeitschriften, die gegen Ende des 19. Jahrhunderts entstanden, erklärten der Mittelklassefrau zuverlässig, wie sie ihr Leben gestalten sollte. Kräftig in den neu entstehenden Warenhäusern einkaufen, sollte sie natürlich auch. Trotzdem hatten die Zeitschriften ein Problem. Kaufen sollten die Leserinnen, aber besitzen durften sie nichts. Denn das Geld gehörte offiziell dem Mann. Also musste man ihn ebenfalls überzeugen. Und so wurde von Beginn an das, was man den Frauen riet, auch im Hinblick auf die Männer an ihrer Seite aufgeschrieben. Diese Zeiten sind natürlich lange vorbei. Schon seit Ewigkeiten (1962) dürfen Frauen in Deutschland ohne Zustimmung ihres Ehemannes ein Bankkonto eröffnen. Und seit 1969 gelten sie sogar als geschäftsfähig. Nur das mit den Männern hat sich irgendwie noch nicht ganz erledigt. Was ich persönlich begrüße, denn ich bin sehr glücklich mit einem verheiratet. Trotzdem fand ich, dass ein Buch für Frauen wie dieses doch einmal ganz gut ohne Männer auskommen könnte. Je mehr ich allerdings in meiner Lieblingslektüre blätterte, desto mehr wurde mir klar: Um die Männer würde ich nicht herumkommen. Denn in den Zeitschriften findet man sie: die Dating-Tipps und die Antwort auf unsere bange Frage, ob Männer Leggings an Frauen gut finden. (»Nur an den wirklich schlanken Beinen.«) Neben Schönheit und unserem Körper gibt es noch eine dritte verlässliche Säule der Berichterstattung: unsere Beziehungen. Wohlgemerkt nur Beziehungen zu Männern, denn Frauen in Frauenzeitschriften kreisen beinahe ausschließlich um diese. Auch wenn es ganz klar ist, dass Frauen auch andere Frauen lieben können, bleibt dies meist unbehandelt.

Die Aspekte der Frau-Mann-Beziehung hingegen füllen eine Menge Seiten. In Frauenzeitschriften wird unsere Welt so zu einem komischen Girls Club, in dem die Mitgliedschaft an die Fähigkeit gebunden ist, Männer verlässlich an sich zu binden und im Notfall ein bisschen zu manipulieren. So bekommen Männer eine Menge Platz zugestanden. Das ist nicht schlimm, aber ein bisschen traurig. Denn Männer sind nett, aber wir sollten nun wirklich nicht alles auf sie beziehen.

Dabei feierten Frauenzeitschriften vor noch nicht allzu langer Zeit noch ausdauernd und intensiv die Singlefrau. Damals war allein zu sein, zumindest bis zu einem bestimmten Alter, die großartigste Sache der Welt. Spätestens im Laufe der Nullerjahre aber legten die Zeitschriften ihren alten Enthusiasmus ab. Eine eigene Wohnung zu haben war nicht mehr wirklich etwas Neues, und anders als in den 70ern würde heute keine Frauenzeitschrift mehr ohne Warnhinweis empfehlen, dass man den Mann doch einfach über Nacht zu sich mitnehmen könnte. Vorausgesetzt, man bekommt überhaupt eine Chance darauf. Denn wenn die heutigen Zeitschriften eines gemeinsam haben, ist es ihr Pessimismus, was das Liebesleben ihrer Leserinnen betrifft. Sie scheinen davon auszugehen, dass wir in unseren 20ern und 30ern eine ganze Menge Zeit im Fitnessstudio oder allein vor dem Fernseher mit unserem Mikrowellenabendessen verbringen. Wenn man uns nicht gerade mit der Angst vor sexuell übertragbaren Krankheiten ins Zölibat treibt, bekommen wir verzweifelte Tipps geliefert, mit denen wir vielleicht doch noch Glück haben könnten. (Siehe oben: »Sagen Sie etwas mit blasen.«)

Und wenn wir es geschafft haben, uns ein Exemplar der begehrten Spezies zu sichern, bedarf es selbstverständlich einiger Anstrengungen, ihn auch zu behalten. Schließlich ist nichts wirklich sicher (»5 Gründe, an denen Sie erkennen, ob er Sie betrügt« oder »Gibt es noch die Chance auf eine glückliche Ehe?«). Wenn man Frauenzeitschriften betrachtet, müssen sich Männer keine Sorgen machen. Wer noch vor ein paar Jahrzehnten angstvoll fragte, ob Männer für Frauen nicht irgendwann überflüssig werden könnten, lehnt sich heute beruhigt zurück. Ihr Marktwert hat sich eher verdreifacht.

Und was machen Männer und Frauen dann so miteinander? Wenn man Zeitschriften zum Thema Sex durchblättert, gibt es eine Botschaft, die fettgedruckt über allem prangt. Sie lautet: Die schlimmen Zeiten sind vorbei. Die Zeiten, in denen nette Mädchen solche Dinge nicht taten und nur dubiose Männer mit hochgeschlagenen Kragen Pornos schauten. Heute ist alles ein großer

Spaß. Sex macht Spaß und ist super und es bleiben keine Fragen offen. Bis auf diese eine vielleicht: Haben wir wirklich so viel Spaß? Wir reden viel über das Lohngefälle zwischen Männern und Frauen, das Orgasmusgefälle allerdings ist noch um einiges größer. 75 Prozent der Männer geben an, beim Sex mit der Partnerin regelmäßig einen Orgasmus zu haben, gegenüber nur 29 Prozent der Frauen. Dabei haben wir doch Verhütungsmöglichkeiten und niemand redet ernsthaft mit uns über Enthaltsamkeit vor der Ehe. Aber Männer mit vielen Partnerinnen sind, auch in der Logik der Zeitschriften, immer noch etwas anderes als Frauen, die das Gleiche tun. So gibt es eine Menge Frauen, die trotz der monatlichen Bemühungen unserer Lieblingslektüre offensichtlich zu wenig Spaß haben. Ich glaube, das liegt genau daran, an eben diesen monatlichen Bemühungen. Denn die Fragen stapeln sich wieder einmal: Wie sollen wir aussehen, was dabei denken, was sollen wir wie machen und wie viel davon? Für Frauen, so meinen die Zeitschriften, sind das ernsthafte Fragen. Für Männer ist das Ganze ein wenig einfacher zu beantworten. Da reichen neun Wörter: »Ich habe einen Penis, und ich werde ihn benutzen.«

Trillionen Spermien und ein paar Gehröcke

Genau deshalb steht die Mann-Frau-Beziehung, wenn man den Hochglanzseiten glaubt, bereits von Anfang an unter einem schlechten Stern. Denn die beiden sind dazu verdammt, einander zu enttäuschen. Weibliche Treue und das eigene Sicherheitsbedürfnis verträgt sich nun einmal nicht mit männlicher Freiheit. Warum eigentlich? Na, natürlich wegen der Biologie. Männer produzieren schließlich Trillionen von Spermien und sind daher biologisch einfach dafür geschaffen, viele Frauen zu schwängern. Mit einer Ejakulation könnten sie zwei Mal die Bevölkerung der USA befruchten. Um Vater zu werden, muss ein Mann aber nur einen einzigen Samen in der Frau deponieren. Und das geht schon unter einer Minute, das haben die meisten von uns schon einmal erlebt. Frauen hingegen können nicht zeitgleich Kinder von mehreren Männern austragen und die ganze mühsame Angelegenheit dauert auch noch neun Monate. Mehr noch, da menschliche Neugeborene und Kleinkinder unglaublich schlecht auf sich selbst aufpassen können, kommen genau genommen noch ein paar Jahre obendrauf. Da klatscht nicht nur der gute alte Charles Darwin in die Hände und weiß die Antwort auf die Frage nach Treue und Untreue. Für Frauen macht es eben biologisch keinen Sinn, den Sexualpartner zu wechseln. Für sie ist die Sache ja klar: Nicht drängeln, jede nur eine Befruchtung und dann neun Monate warten. Das ist der Deal. Ganz anders ist es bei Männern. Und deshalb lassen sich die Unterschiede in der Libido von Frauen und Männern, wenn man so mancher Lektüre glaubt, wenig blumig so zusammenfassen: Männer vögeln sich durch die Gegend und Frauen versuchen, sie daran zu hindern – mit ihrer Optik, leckerem Essen und weiteren ausgefeilten Techniken, die es immer nur zu Hause und nie zum Mitnehmen gibt.

Dabei gibt es auch wissenschaftliche Hypothesen, die dafür sprechen, dass es überhaupt nicht evolutionär angelegt ist, dass Frauen nur einen Partner haben. Das Zauberwort heißt »Spermienkonkurrenz« und zu Hilfe eilt überraschenderweise ein Evolutionsbiologe.[88] Das Wort, man hätte es sich denken können, steht für die Konkurrenz von Spermien bei der Befruchtung einer Eizelle. Ich bin mir nicht ganz sicher, wie diese Experimente genau ablaufen, aber ich habe eine Studie gefunden, die sagt, dass Männer mehr ejakulieren, wenn ihre Partnerin einige Zeit abwesend war. Gut, denken Sie jetzt vielleicht, das ist eben die typische männliche Neigung zur Übertreibung und zur Überproduktion, ganz Amerika befruchten und so. Das Gleiche passiert aber auch, wenn Männer nur *denken,* dass ihre Partnerin eine Affäre hat. Es passiert, kurz gesagt, in allen Szenarien, wenn Männer Konkurrenz wittern. Wer also das ganze Wochenende serienschauend mit dem Partner auf der Couch verbringt oder überlegt, ob man den beruflich absolut notwendigen Skiurlaub mit den männlichen Models überhaupt antreten sollte, weil der Freund doch so eifersüchtig ist, wer das tut, wird im Schnitt um 0,2 Milliliter Samenflüssigkeit betrogen. Und Richard Baker, der Evolutionsbiologe, schreibt in seinem Buch mit dem schönen Titel *Krieg der Spermien* nun, dass diese körperliche Reaktion bei Männern (mehr Spermien bei Konkurrenz) natürlich unterbewusst abläuft, aber evolutionär ja irgendwann einmal Sinn gemacht haben müsse. (Dass es sich hier nur um eine kleine männliche Zusatzversicherung der Marke »Viel hilft viel« handelt, schließt auch er aus.) Viel eher geht es um echte Konkurrenz, und das kam vermutlich so: Wenn Vorfahre eins (männlich) und Vorfahre zwei (männlich) beide Sex mit unserer Vorfahrin (weiblich) hatten, hatte der die bessere Chance auf die Weitergabe seiner Gene, der mehr ejakulierte. Im Umkehrschluss heißt das dann auch, dass unsere Vorfahrin wohl ziemlich selbstverständlich mehrere Partner hatte. Denn die Anpassung der Spermienmenge wäre wohl nicht erfolgt, wenn es keine wirkliche Konkurrenz gegeben hätte.

Zwischen diesen angenommenen Zuständen aus grauer Vorzeit und dem Heute liegen allerdings ein paar Jahrtausende. Und fast am Ende dieser Jahrtausende liegt das 19. Jahrhundert. Hier formten Männer in sehr konservativen Gehröcken und gestärkten Hüten die Wissenschaft. Ein paar Frauen waren auch dabei, aber die verschwieg man. Denn damals waren die Rollen klar verteilt, Frauen waren die passiven und Männer die aktiven Teile der Gesellschaft, und zwar in allen Bereichen. Also nahm man an und gab als Maxime aus, Männer hätten Spaß an Sex und Frauen eben nicht so sehr. Unser Spaß entstehe eher durch die Schwangerschaft und das Kinderkriegen. (Wir Glücklichen!) Weibliche Lust und Befriedigung, so entschieden deshalb die freundlichen Wissenschaftler des 19. Jahrhunderts, hatten nichts mit unserer Arterhaltung zu tun und waren deshalb auch nicht unbedingt notwendig. Und auf Konkurrenz hatten sie natürlich auch gar keine Lust. Überhaupt, wieso sollte eine Frau auch mehrere Partner haben, wenn ihr Sex nur mäßig gefiel? Kinder bekommen konnte sie schließlich auch mit nur einem Mann.

Da diese Sichtweise leider näher an unserem Heute liegt als unsere Vorfahrin ohne Ehering mit mehreren Partnern, schreiben viele sie gern immer weiter auf. Entgegen der Dinge, die uns erzählt werden, sind Frauen aber nicht auf Monogamie programmiert. Und auch nicht zu mehreren Partnern verpflichtet. Deshalb dürfen wir gern trotzdem Monogamie wählen – oder es eben lassen. Und das Gleiche gilt für Männer. Bei Frauen erhöht die Anzahl ihrer Sexualpartner übrigens, rein statistisch gesehen, nicht die Anzahl ihrer Kinder. Aber man bekommt mit mehreren Partnern natürlich genetisch verschiedenere Kinder, die so vielleicht größere Überlebenschancen haben. Damit ließe sich eine evolutionäre Bevorzugung von mehreren Partnern erklären. Und trotzdem würde auch die Monogamie Sinn machen, denn einige Studien weisen darauf hin, dass unsere hormonell aufgeladenen Paarbindungen ebenfalls dabei geholfen haben könnten, den Nachwuchs sicher aufzuziehen.[89] Rein evolutionär gesehen, gibt es aber definitiv eines nicht – die treuen Weibchen und die untreuen Männchen. Beide können sich zwischen Monogamie und wechselnden Partnern bewegen. Und diese Flexibilität unserer Lust ist eigentlich auch wieder ein kluger evolutionärer Vorteil. Unsere Biologie ist deshalb keine Ausrede für Betrug, wenn man sich gegenseitige Treue geschworen hat. Und vor allem ist die Biologie keine Ausrede dafür, Frauen ihre Bedürfnisse abzusprechen und ihnen die Notwendigkeit von Herzschmerz einzureden. Weil sie ja immer nur den einen wollen, und der sich so gern wieder aus dem Staub macht.

»... und ich fühle mich wie ein Pornostar.« Christoph, 37

Bei der Verarbeitung unseres Herzschmerzes sind die Frauenzeitschriften aber natürlich wieder gern an unserer Seite. Ihre moderne Bewältigungsstrategie geht zum Beispiel so: Vielleicht haben wir ein oder zwei Mal den naiven Vorstellungen romantischer Komödien geglaubt, aber das gebrochene Herz sollte uns nun lehren, dass wir uns nicht noch einmal täuschen lassen. Deshalb werden die nächsten Interaktionen mit Männern nur noch mit dem nötigen Zynismus angegangen, während wir Cocktails trinken und uns gegenseitig versichern, dass es jetzt nur um unseren eigenen Spaß geht. Endlich. Dabei ist dies nicht selten die Kategorie verordneter Spaß, bei der die Zeitschriften folgende Logik verfolgen: Wenn uns die Regeln für Frauen nicht gefallen, spielen wir eben nach denen der Männer (und machen nicht unsere eigenen). Wenn man uns also das Herz bricht, drehen wir den Spieß einfach um und wollen endlich auch ein Stück vom Kuchen, also viel Sex mit wenig Verpflichtung. Das dürfen wir dann (Ausnahmefall!), wenn uns das Herz gebrochen wurde.

Die Zahl der One-Night-Stands schraubt allerdings nicht automatisch die Befriedigung nach oben. Sie muss nicht einmal dazu führen, dass man dem eigenen Orgasmus näherkommt. Unverbindlicher Sex auf Augenhöhe, zwei sich fremde Menschen, die gegenseitig ihre Bedürfnisse wertschätzen und befriedigen können, ist leider keine Selbstverständlichkeit zwischen den Laken. Sex zu haben »wie die Männer« heißt dann irgendwie, Sex zu haben, wie die Frauenzeitschriften ihn sich für Singlefrauen ausdenken. Denn auch nicht alle Männer haben ja automatisch Spaß am Sexualpartnerdurchzählen und emotionaler Distanz. In den Artikeln aber ist zu lesen, dass Frauen sich nun, mit gebrochenem Herzen und als Neusingle, richtig ausleben müssten. Und sich endlich um sich selbst kümmern sollten, frei sein, sexuell und auch in allen anderen Belangen. So bleibt die weibliche Sexualität auch hier irgendwie von einem Mann bestimmt, und zwar dieses Mal von seiner Abwesenheit.

Das ist auch wieder traurig, denn bereits der Sex in Beziehungen ist nach Logik der Frauenzeitschriften erstaunlich männerfixiert. Für die Frau geht es da ein bisschen um die eigene Befriedigung, aber vor allem um Bestätigung. Sex in Beziehungen ist schließlich ein Zeichen, dass man noch geliebt und so schnell nicht verlassen wird. Frauen tauschen also irgendwie, wenn man das Ganze zu Ende denkt, Sex gegen die rare Ware männliche Beziehungsfähigkeit ein. Diese Idee passt ganz gut zur generellen Sichtweise. Denn die weibliche Lust steht selten allein, sie ist meistens ein Ableger der männlichen. Die eigene Lust, die nur für unser Vergnügen existiert, gibt es in Frauenzeitschriften eigentlich nur bei der Selbstbefriedigung hundertprozentig. Für den Zweiersex in Beziehungen finden sich hingegen in der Lektüre zunächst einmal eine Menge Beschreibungen der Dinge, die Männer angeblich gut finden. Deshalb werden sie auch häufig und ausdauernd zu ihren Vorlieben befragt. »Sex direkt nach Feierabend. Da verwandelt sich die perfekt gestylte Businesslady ganz schnell in ein kleines Luder«, das findet beispielsweise Paul, 36, gut. Und »Immer in Bewegung, mal oben, mal unten und wieder von vorn. Mein Baby geht jeden Stellungswechsel mit, und ich fühle mich wie ein Pornostar«, das macht Christoph, 37, so richtig heiß.[90]

Den Frauen hingegen wird bei Unlust geraten: »Wer wenig Sex hat, hat auch weniger Lust auf Sex. Das Ganze funktioniert aber auch andersherum.« Schließlich ist nichts dabei, in der Beziehung einfach von »Qualität auf Quantität zu wechseln«. Ähm, ja. Und wenn der Mann nicht mehr wollen sollte, ist ein kurzer Selbstcheck der optischen Reize angebracht. Ganz wichtig hierbei: Sind wir auch ordnungsgemäß rasiert? »Denn es ist nur reizvoll, ein Geschenk voller Lust auszupacken, wenn man darin etwas vermutet, das einem auch gefällt.«[91] Das erinnert mich an die Geschichte, die man sich vom britischen Kunstkritiker und Schriftsteller Jon Ruskin erzählt. Er lebte im 19. Jahrhundert (der Zeit der konservativen Gehröcke, Sie erinnern sich) und soll in der Hochzeitsnacht so vor den Schamhaaren seiner Frau erschrocken sein, dass er völlig aufgelöst vom Schlafzimmer ins nächstgelegene Pub floh. Als Anschauungsmaterial für den weiblichen Körper standen ihm nämlich bis dahin nur Statuen zur Verfügung und die sind bekanntlich aus Marmor und haarlos. Man möchte über die Geschichte gar nicht zu sehr schmunzeln, hat man doch den leisen Verdacht, dass sich das Ganze vielleicht bald irgendwo wiederholen könnte. Schließlich propagieren nicht nur Frauenzeitschriften gern ein Ideal der Haarlosigkeit, das komplette Wachsen des Intimbereiches ist schon lange nicht mehr nur Standard bei Pornodarstellerinnen und dem ein oder anderen *Playboy*-Model. Die irische Journalistin Emer O'Toole beschloss deswegen irgendwann, den umgedrehten Weg zu gehen und sich ihre Körperbehaarung gar nicht mehr zu rasieren. Darüber schrieb sie in mehreren großen Wochenzeitungen. Ihr Experiment war ursprünglich auf ein Jahr angelegt, sie hat es aber bis heute fortgesetzt. Immer wenn Emer dazu interviewt wurde, dauerte es nicht lange, bis eine Frage auftauchte: »Und wie fanden die Männer das?« Emer berichtet, sie habe selbst zuerst nicht glauben können, wie »egal es den Männern war«. Denn auch sie hatte ja ein Leben lang gehört, dass unrasierte Achseln und Beine und ein zumindest getrimmter Intimbereich absoluter Standard seien.[92] Sollten die Zeitschriften also vielleicht nicht nur uns Frauen missverstehen, sondern auch die Männer? Womöglich zugunsten der Hersteller von Rasierern?

Eines der größten Missverständnisse findet sich nämlich in Sextipps für Männer und in Sextipps für Frauen. Es lautet: Sexuelle Attraktivität und sexuelle Befriedigung sind das Gleiche. Also, wer super aussieht, hat auch automatisch super Sex. Mit gerin-

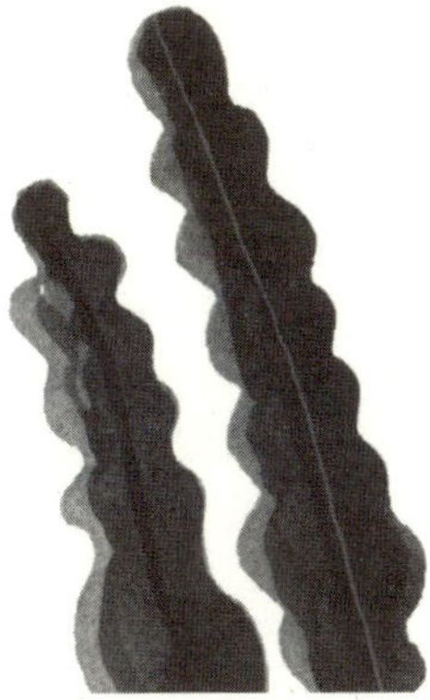

LASS WACHSEN

gem Körperfettanteil, regelmäßigen Fitnessstudiobesuchen und passender Unterwäsche erhält man so postwendend und zuverlässig dauerhaften Zugang zur eigenen Befriedigung. Stimmt natürlich nicht. Aber auch Sex ist eben wieder ein Wirtschaftsfaktor. Die Soziologin Eva Illouz formulierte das in einem Interview einmal so: »Seit der sexuellen Befreiung ist uns unser erotisches Kapital so wichtig geworden, dass wir Strategien entwickelt haben, es uns lange zu erhalten. Für Männer hat Viagra das Alter sogar praktisch abgeschafft. Alle profitieren davon. Wenn morgen niemand mehr etwas auf Sexyness gäbe, würde die Wirtschaft zusammenbrechen.«[93]

Wenn Frauenzeitschriften übrigens Stereotype über Frauen und Männer bedienen, verhalten sie sich oft ganz ähnlich wie andere Medien auch. Auf Initiative der Schauspielerin Maria Furtwängler wurde 2016 eine Studie zum Bild von Weiblichkeit und Männlichkeit im deutschen Fernsehen gestartet. Alle großen Fernsehsender machten mit. Das Ergebnis war, dass es den typischen Mann im Kino nicht gibt. Er kann alt oder jung sein, dick oder dünn, Kumpel oder Bösewicht, attraktiv oder ungepflegt. Kurzum, ein Mann kann eigentlich alles sein. Wenn man sich allerdings die Frauen ansah, und hier insbesondere die Hauptrollen, fiel die Sache ein wenig anders aus. Für sie sind die Variationsmöglichkeiten deutlich geringer. Die Frauen sind schlank, häufig blond und fast immer attraktiv. Furtwängler sagte: »Der Kitt, der unsere Gesellschaft zusammenhält, ist die Angst der Frauen, nicht zu gefallen.«[94]

Frauen kümmern sich: um ihr Erscheinungsbild, um die Qualität ihrer Beziehungen und um die Orgasmen ihrer Partner. Und da uns diese Vorstellungen immer wieder begegnen, können sie auch unsere Bilder von uns selbst verzerren und von dem, was wir als »normal« für Frauen und Mädchen, aber auch für Männer und Jungen erachten.

Die Erziehungswissenschaftlerin Renate Valtin ließ 1980 und

2010 Grundschulkinder Aufsätze zum Thema »Warum ich gern ein Mädchen oder ein Junge bin« schreiben.[95] Nach dreißig Jahren Abstand zwischen den beiden Befragungen empfanden Jungen sich nach wie vor als das starke Geschlecht. Sie unterstrichen ihre Stärke und Schnelligkeit. Sie schrieben, Jungen seien wild und geschickt. Was Mädchen an sich mögen, verteilte sich 1980 noch auf folgende Bereiche: Fähigkeiten im Haushalt, Attraktivität, sportliche Talente und soziales Verhalten (also, ob sie zum Beispiel fürsorglich oder brav waren). Die gute Nachricht ist: Dreißig Jahre später tauchen die häuslichen Fähigkeiten fast gar nicht mehr auf. Aber die Eigenschaften, die Mädchen und Jungen an sich gut finden, sind nicht gleicher geworden. Mädchen haben vielleicht die Haushaltspflichten hinter sich gelassen, der Bereich Attraktivität und Kleidung überwiegt nun allerdings deutlich bei dem, was sie an sich mögen. Sind wir also der guten braven Hausfrau entkommen und haben uns ein neues Haus aus optischen Ansprüchen gebaut? Die Gräben zwischen den Geschlechtern haben sich sogar vertieft, schreibt Valtin in ihrer Auswertung der Aufsätze. Jungen und Mädchen grenzen sich heute sogar stärker voneinander ab als vor dreißig Jahren. Denn der neue Fokus der Mädchen auf Schönheit und Attraktivität stößt bei den Jungen auf Ablehnung. Andersherum gilt das aber nicht. Während 20 Prozent der Mädchen Aussagen der Jungen zu ihren Eigenschaften wie »sie haben mehr Power« oder »sie dürfen angeben und sich prügeln« positiv finden, verstehen Jungen die Eigenschaften der Mädchen fast ausschließlich als Schwächen: Mädchen sind Heulsusen, zicken immer, reden zu viel und machen »eher Tanzen als sportliche Sachen wie die Jungs«. Renate Valtin meint, genau diese Rollenbilder finden sich eben auch in den Medien, in Castingshows und Serien oder in einem Marketing für Kinder, das auf getrennte rosa-hellblaue Welten setzt. Und sie haben ihren Ursprung ebenso in den oft unbewussten, aber leider sehr hartnäckigen Klischees in unseren Köpfen, die wir weitergeben. Und schließlich werden sie dann, zur besseren Festigung, in den Frauenzeitschriften noch einmal für die Erwachsenen aufgeschrieben. Männer sind aber selten so verunsichert, dass sie sich vor Angst wie hilflose Schildkröten auf den Rücken werfen, wenn eine Frau mit ihnen redet. Und sie trampeln auch nicht rücksichtslos über Frauen hinweg wie Elefanten. Dafür sprechen Frauen nicht in Rätseln, sondern meistens klar und deutlich. Und sie haben wenig Interesse, Männer mit hinterhältigen Taktiken um den Finger zu wickeln. Frauen sind keine fremde Spezies, die in alle männlichen Reservate (sogar in ihre Büros) eindringt, um die Männer dann umgehend wegen Sexismus entfernen zu lassen, weil sie im Fahrstuhl falsch »Hallo« gesagt haben. Trotzdem haben wir all diese Klischees schon einmal irgendwo gelesen oder gehört.

Wir müssen aufhören, kleinen Mädchen zu sagen, dass der Junge, der sie ärgert, sie wahrscheinlich nur sehr gern mag. Und wir sollten dem kleinen Jungen erklären, dass er dem Mädchen auch einfach sagen kann, wenn er sie gern hat und mit ihr spielen möchte. Denn, mal ehrlich: Wenn kleine Jungen nicht mit kleinen Mädchen spielen können, wie sollen sie später mit ihnen zusammenarbeiten, mit ihnen leben?

Auch über Männlichkeit muss dringend neu nachgedacht werden. Wir brauchen für Männer wie für Frauen eine neue offenere Idee, die viel mehr Spielraum für das eigene Sein bietet. Eine Idee, die Frauen Gleichheit und Männern Stolz auf die Dinge abseits von Stärke, Karriere und emotionaler Verschlossenheit erlaubt. Das ist kein wiedererwachter Geschlechterkampf, für den wir lila Latzhosen brauchen. Es steht eine sehr einfache Auffassung von einer Paarbeziehung dahinter. Die Idee, dass sie auf Ehrlichkeit, Respekt und Rücksichtnahme beruht. Es ist aber auch das Ende des »Frauen sind von der Venus und Männer vom Mars«-Denkens und ein Plädoyer für ein gleichberechtigtes Miteinander. Nicht, weil wir es müssen, sondern weil wir es wollen. Es ist das, was die US-amerikanische Schriftstellerin Anne Roiphe so formuliert: »Manche Frauen mögen keine Männer brauchen, um Marmeladengläser zu öffnen, das Geld zu verdienen, die Autoreifen zu wechseln oder den Müll nach draußen zu tragen. Aber viele von uns brauchen sie als Väter, als Partner, als Freunde und Gefährten.«[96] Zum Glück sind wir da in der Realität schon ein ganzes Stück weiter, als es uns die Frauenzeitschriften glauben machen wollen.

Keine kurzen Röcke oberhalb der gläsernen Decke: reinhängen für die richtig erfolgreichen Frauen

Die gute Nachricht erzähle ich Ihnen gleich am Anfang: Frauen sind in der Arbeitswelt heute so selbstverständlich wie Recycling. Damals, während der Anfänge des Recycling liefen so manche noch Sturm gegen den Trennterror und die verordnete Sortierwut. »Warum eigentlich, wozu das Ganze?«, fragten sie. »Das haben wir doch früher auch alles nicht gemacht.« Die ganz Besorgten sahen uns sogar bald in einer neuen Zeit, in der wir nur noch zwanghaft Joghurtbecher abspülen würden, um sie dann nach dem grünen Punkt abzusuchen. Und heute? Da spült kaum jemand seine Joghurtbecher, aber die meisten schauen sich noch einmal um, wenn sie nicht sofort einen Papiermülleimer für die ausgelesene Zeitung finden. So ist es auch mit den Frauen in der Arbeitswelt. Irgendwann kamen sie und sitzen nun ziemlich selbstverständlich auf richtigen Bürostühlen, mit echten Gehaltsabrechnungen in den Händen.

Das haben sie natürlich nur mithilfe der famosen Ratschläge der Frauenzeitschriften geschafft. Gut, vielleicht hatten auch der Feminismus und ein paar sozial-kulturelle Veränderungen einen kleinen Anteil. Aber Frauenzeitschriften kümmern sich bis heute zuverlässig um unser berufliches Fortkommen, welches hier immer *Karriere* heißt. (»Diese Ideen bringen Sie garantiert zum Erfolg.«) Dabei laufen die effektiven Coachingangebote bis zum Vorstandsposten meistens so ab: Zunächst erklären die Zeitschriften uns das Ziel unserer Mühen, und dann werden die Strategien ausgepackt (der Guide lässt grüßen). Unser Ziel liegt dabei nie niedriger als der »maximale Erfolg« oder die »volle Power«. Das kennen wir schon von den Fitnessschlagzeilen, darunter machen wir Frauen es anscheinend nicht.

In Frauenzeitschriften arbeiten übrigens alle Frauen immer in Büros. Sie arbeiten sehr leidenschaftlich und sehr erfolgreich in sehr, sehr coolen Büros. Überall wimmelt es von netten, hoch motivierten Frauen, die wie Unternehmerinnen denken. Da fragt man sich irgendwie: Und wo arbeiten die Idioten? Aber unsere Arbeit ist eben ein Lifestyle, wie unser Essen und unser Körper. Sie ist nicht nur spannend und cool, sondern auch unglaublich herausfordernd und befriedigend. Wer tatsächlich täglich arbeitet, kennt eine andere Wirklichkeit. Von Menschen im echten Leben hört man eher Sätze wie »Ich hänge hier noch im Büro fest«. Frauenzeitschriften hingegen jubeln über die »11 Wege, sich jeden Tag neu in den Job zu verlieben«.

Wer aber das Buch bis hierhin gelesen hat, den wird diese kleine Abweichung nicht überraschen. Denn die Realität in Frauenzeitschriften ist eben selten real. Auch die Schwerpunktsetzungen sind häufig andere. Nur weil man vielleicht ganz gute Arbeit leistet, heißt das nämlich noch lange nicht, dass man wirklich alles richtig macht. Deshalb sollte sich die Businesswoman von Zeit zu Zeit über die reflektierende Oberfläche des eigenen lackierten Eichenholzschreibtisches beugen (habe ich erwähnt, dass Frauen in Frauenzeitschriften sehr erfolgreich sind?) und kritisch fragen: »Wie geht das besser?« Denn Stillstand ist der Tod. Bei der Selbstanalyse hilft dann wieder verlässlich unsere Lieblingslektüre, zum Beispiel bei einem Thema, das den eigenen beruflichen Erfolg maßgeblich mitbestimmt. Sie ahnen es sicher schon, es geht selbstverständlich um unsere Kleidung.

Powerdressing für die ambitionierte Tiger-Woman

Einen Job zu haben bedeutet in Frauenzeitschriften eine ziemlich heiße und sehr gut angezogene Powerfrau zu sein, die genau weiß, wie sie sich in Szene setzen muss *und* gleichzeitig die richtig großen Deals zum Abschluss bringt. (»Mit der selbstbestimmten und ambitionierten Tiger-Woman können wir Cosmo-Frauen uns am besten identifizieren.«)

Erfolgreich sein bedeutet, auf dem Papier im Lebenslauf gut auszusehen, aber auch gut auszusehen, wenn man sich nach dem Stapel Papier über den Konferenztisch beugt. Nur weil man die Karriereleiter nach oben klettert, darf man nicht daherkommen wie eine Bergsteigerin. Wenn wir wollen, dass man uns respektiert, uns ausreden lässt und in Meetings nicht unsere Ideen klaut, müssen wir eben mitlaufen, am besten wieder rückwärts und in High Heels, wie Ginger Rogers bei Fred Astaire. Im Büro gut auszusehen hilft. Wer von uns will sich schon vorwerfen lassen, den Marsch in die Führungsetagen leichtfertig durch Jogginghosen aufgehalten zu haben? Natürlich ist auch hier die dünne Silhouette ein bisschen die Mutter des Erfolges. Neben professionellen Fallen sind es deshalb im Büroalltag für Frauen zusätzlich die hochkalorischen wie Kollegengeburtstage, Süßigkeitenautomaten oder Kaffee mit Süßstoff, die wir umschiffen sollten. Dann sind wir in Bleistiftröcken »clever und charmant« auf dem besten Weg »zum ultimativen Joberfolg« oder wahlweise »souverän auf dem Weg ins Ziel«. Clever, souverän und charmant, aber eben nicht bissig, überambitioniert oder machtgierig. So stehen wir ganz kurz davor, die gläserne Decke zu überwinden – und dann wahrscheinlich vor einem ganz neuen Problem. Denn wie können wir dort oben weiter Röcke tragen? Wo uns doch die Männer, die dann unter uns arbeiten, beim Blick nach oben unter eben diesen Rock schauen könnten. Denn die Zeiten haben sich schließlich geändert. Früher zog man sich vielleicht hübsch für den Chef an, heute sind wir die Chefinnen.

Und die Männer, die wir durch unser Äußeres beeindrucken wollen, arbeiten für uns! Die Frauenzeitschriften wissen, in den Büros der Nation ist die Emanzipation wirklich anzutreffen. Wir kochen nicht mehr oder tragen Gummihandschuhe für den Hausputz, wir tragen formende Unterwäsche und bestellen uns einen Salat.

Als sich Schauspielerin Melanie Griffith im 80er-Jahre-Klassiker *Die Waffen der Frauen* in der Geschäftswelt von der Sekretärin nach oben arbeitete, veränderte sich auch ihr Äußeres. Die doppelt auftoupierten Haare machten Platz für die einfach auftoupierte Version und ihre Kleidung wandelte sich. Die Farben wurden dezenter, das Sakko größer und die Schulterpolster breiter. Businesskleidung der 80er-Jahre, dem ersten Jahrzehnt, in dem Frauen selbstbewusst und selbstverständlich ihren Platz am Konferenztisch einforderten, versteckte zwar noch ein wenig die weibliche Silhouette, zeigte aber bereits die langen Beine. Wo Männer und Frauen Gleiches tun wollten, versuchte man zunächst, auch Unterschiede in der Kleidung zu vermeiden. Und orientierte sich an denen, die zuerst da waren. Das waren die Männer in ihren Anzügen.

Heute sieht der Powerdress der erfolgreichen Frauen anders aus, in Frauenzeitschriften und in der Popkultur. Claire Underwood und Selena Meyer, das sind Figuren aus den erfolgreichen US-Politserien *House of Cards* und *Veep* tragen High Heels, eng anliegende Bleistiftröcke und vor allem figurbetonte Etuikleider. Insbesondere Claire Underwoods Schuhe scheinen, ein bisschen wie bei der Barbie von Schuhdesigner Christian Louboutin, mit ihrem Fuß verwachsen zu sein. Denn sie zieht sie nie aus. Dabei läuft keine Frau, jemals, in den eigenen vier Wänden ausschließlich auf Pfennigabsätzen herum. Die Kleider der beiden Figuren dürfen, insbesondere bei der imaginären US-Vizepräsidentin Meyer, gern in Knallfarben oder Pastell daherkommen. Das soll noch weiblicher wirken und sich von der Kleidung der Männer abgrenzen. Diese Garderobe der beiden Figuren ist nicht zufällig. Die Stylistinnen der Serien bestätigen, wie viele Überlegungen in die Ausstattung flossen. Claire Underwoods Kleidungsstil sollte machtvoll sein, eine Rüstung, die bereits in der Optik klarmacht, dass sie dem Führungsanspruch ihres Mannes in nichts nachsteht.[97] Macht und Sexyness, eine scheinbar unschlagbare Kombi. So ist sich auch Selena Meyer am Ende der dritten *Veep*-Staffel sicher. Ihr »fantastischer Arsch« wird etwas mit ihrem Aufstieg zu tun gehabt haben. Brauchte Schauspielerin Reese Witherspoon 2001 in der Komödie *Natürlich Blond* als brillante Anwältin noch eine gewisse ironische Distanz zu ihrem Barbielook (pinkfarbene Kostüme, perfekte, blonde Haare und ein Chihuahua als ständiger Begleiter), gehen Bonbonfarben und Chefinnenbüro heute problemlos zusammen.

Die *Vogue* feiert den Look der beiden Darstellerinnen als neuen »Power Suit«, also den Anzug der Macht, mit dem sie sich endlich trauen, Weiblichkeit auch im Berufsalltag in den Vordergrund zu stellen.[98] Und die eigene berufliche Macht auch mit Sexyness zu zelebrieren. Ein schöner Nebeneffekt bei dieser Kleiderwahl, auf den die *Vogue* und andere Frauenzeitschriften ebenfalls hinweisen, ist dieser: Aufmerksamkeit ist der Trägerin garantiert. Manche finden das Ganze auch feministisch, denn Frauen dürften so in der immer noch männlich geprägten Businesswelt endlich herausstechen. Vorbei die Zeiten, in denen man versuchte, nicht aufzufallen. Und intelligenter macht enge Kleidung auch noch, wenn man der *Cosmopolitan* glaubt, denn »in einem lockeren Outfit fühlen wir uns relaxter, unser Denken ist gehemmter. Tragen wir hingegen Blazer, Blusen oder Hosenanzüge, ist der Fokus auf die wichtigen Dinge plötzlich präsenter.«[99] Tatsächlich kennt man den Kleidungsstil im echten Leben auch von US-Wirtschaftslenkerinnen wie Sheryl Sandberg (Facebook) oder der ehemaligen Yahoo-Chefin Marissa Mayer, deren legendäres *Vogue*-Shooting mit Tablet, High Heels und Modelfigur im kobaltblauen Etuikleid auf der Sonnenliege 2013 eine kleine Kontroverse auslöste. Eine Umfrage unter Spitzenfrauen in der Wirtschaft in Großbritannien ergab allerdings, dass nur 20 Prozent High Heels im Büro tragen und pink maximal als Farbakzent Eingang in den Businesskleiderschrank findet.

Auch in der echten Politik ist der Kleidungsstil, ganz entgegen der Präsentation in den Serien, noch nicht ganz angekommen. Modische Kleidung scheint hier immer ein wenig zu nah an der vermuteten Inkompetenz zu liegen. Wer sich für Mode interessiert oder auffallend schminkt, hat doch gar keine Zeit mehr für etwas anderes. Ist dort meine Wählerstimme wirklich gut aufgehoben? Und trotzdem gibt es kaum ein Portrait von Politikerinnen, das ohne eine Beschreibung ihres Äußeren auskommt. Die britische Premierministerin Theresa May konnte sich über die Erwähnung ihrer Schuhe in beinahe jedem Artikel zu ihrer Wahl freuen. Und als die Nachricht über ihr *Vogue*-Shooting bekannt wurde, fand der politische Gegner: »Sie solle sich lieber um ihr Land statt um ihre Outfits kümmern.« Auch über Angela Merkels Hosenanzüge und Frisuren wurde viel geschrieben und ihr legendäres Kleid zur Operneröffnung in Oslo von 2008 brachte den Medien die bahnbrechende Erkenntnis: »Oh, die Frau hat Brüste.« Und führte zur bangen Schlagzeile: »Wie viel Dekolleté darf eine Kanzlerin zeigen?« Im dazugehörigen Artikel lobte man die Wandlung vom »Mauerblümchen zur modischen Kanzlerin«, aber fragte sich auch irritiert: »Was ist da eigentlich los? Ist das der neue feminine Kanzlerstil?«[100] Denn, das wissen wir bereits, Frauen tragen Kleidung nie nur so. Wenn sich die Kanzlerin also ein dekolletiertes Kleid zu einer Operneröffnung anzieht, kann das nur einen Wechsel ihres Politikstils bedeuten. Außerdem gilt selbstverständlich immer: Attraktiv, gerne, das geht auch in der Politik, aber bitte nicht übertreiben.

Das mag an der Zweischneidigkeit liegen, die das neue Powerdressing mit sich bringt. Justin Trudeau, Kanadas Premierminister mit Pin-Up-Qualitäten, kann die Berichterstattung über sein Äußeres als Nebenprodukt gut mitnehmen. Hillary Clinton hatte nicht das gleiche Glück. Trug sie ihre berühmten Hosenanzüge, wurde ihr vorgeworfen, sie wolle sich desexualisieren und von ihrem Geschlecht ablenken. Zeigte sie einen Hauch Haut, zog das eine mediale Verarbeitung nach sich, die ihre politischen Aussagen für eine Woche in den Hintergrund rückte. Im Vorwort ihrer politischen Biografie scherzte Clinton bereits, sie hätte das Werk auch »Die Geschichte ihrer Haarbänder« nennen können, wenn sie sich an der Schwerpunktsetzung mancher Journalisten orientiert hätte, die ihre Frisuren immer wieder zu Nachrichten machten. Es scheint nicht einfach zu sein, die Kontrolle über das eigene Bild zu behalten. Offen zur Schau gestellte Weiblichkeit kann als machtvoll wahrgenommen werden. Denn Frauen sollen zwar schön sein, aber doch lieber im Hintergrund. Schönheit macht aber auch für erfolgreiche Frauen eine Menge Arbeit. Nicht umsonst machen beide Serienfiguren, Claire in *House of Cards* und Selina in *Veep*, eine Menge Sport. Während sich ihre Männer unter den dunklen Anzügen einen Bauchansatz leisten können, vergeben die eng anliegenden Kleider nämlich nichts.

Das gilt auch im wahren Berufsleben, und noch ein paar Dinge mehr. Die Sache mit den hohen Schuhen zum Beispiel hat hier zwei Seiten. Die Tatsache, dass ihre Trägerinnen, im Gegensatz zur Serienfigur, sie zu Hause gern so schnell wie möglich ausziehen, zeigt nämlich nicht nur, dass sie oft verdammt unbequem sind. Es zeigt auch, dass es sich bei hohen Schuhen um ein ziemlich öffentliches Kleidungsstück handelt. Um eines, das dazu beiträgt, wie wir uns in der Öffentlichkeit fühlen und wie wir wahrgenommen werden möchten. Untermauert wird das Ganze von vielen, gern wieder widersprüchlichen, Informationen. Da gibt es die Befragungen, in denen steht, dass Männer Frauen in High Heels attraktiver finden und ihnen öfter die Tür aufhalten. Aber sie machen uns auch größer und heben uns so im Berufsalltag auf Augenhöhe mit den Männern. Trotzdem können die falschen High Heels dazu führen, dass wir als weniger kompetent wahrgenommen werden. Der dazugehörige Tipp auf der Karriereseite lautet: »So lange wir nicht im Vorstandsbüro angekommen sind, sollten wir lieber flachere Schuhe tragen.« Weibliche Kleidung sei aber trotzdem von Vorteil. Sie verhindert, dass wir als zu fordernd oder einschüchternd empfunden werden, wenn wir die Quartalszahlen hinterfragen.

Nun, wer in einem bestimmten beruflichen Feld Erfolg haben will, muss sich immer anpassen, die richtigen Fähigkeiten mitbringen und sich an die Regeln halten. Das gilt für Männer wie für Frauen. Aber für Frauen ist das Ganze dann doch wieder ein wenig verzwickter. Sie verlieren, wenn man den ungebetenen Ratschlägen glaubt, wenn sie sich wie Männer anziehen und sie verlieren genauso, wenn sie sich zu weiblich kleiden. Am besten wäre es wohl, wenn wir die gut gemeinten Ratschläge und Bedenken deshalb einfach zur Seite schieben würden. Und auch im Büro einfach das anziehen, was wir ausgesucht haben, ohne große innerliche Fragerunden, ob es auch das Richtige für die Vermittlung der eigenen beruflichen Kompetenz ist. Das wäre dann richtiger Erfolg.

Alles haben können und nichts gewinnen

In Bleistiftröcken und Schluppenbluse gut auszusehen, ist aber auch nur der erste Schritt, um als Frau alles haben zu können. Wobei, mit den Kindern warten wir vielleicht noch ein bisschen bis nach der nächsten Gehaltsrunde. Nur eben nicht zu lange, denn auch unsere eingefrorenen Eizellen wollen irgendwann aufgetaut werden. Wer ganz auf Kinder verzichtet, scheint schließlich nur auf den ersten Blick alles richtig zu machen in der Businesswelt. Auf die lange Sicht wird man so nur zur verbitterten, kaltherzigen Karrierefrau, mit der nicht einmal mehr Schneewittchens böse Stiefmutter befreundet sein will. Der Zauberbegriff der Frauenzeitschriften und Karriereratgeber heißt deshalb »Sequencing«, also alles schön der Reihe nach. Dann klappt es auch mit der Karriere und dem persönlichen Glück. Frau kann dabei völlig frei wählen, ob sie lieber zuerst Karriere macht und dann Kinder bekommt oder doch zuerst die Kinder und dann die Karriere. Nur zusammen ist eben schwierig. Schade nur, dass es meistens nur theoretisch möglich ist, die eigene Lebenszeit so passend aufzustückeln. Denn die viel gepriesene Planbarkeit existiert bei Partnersuche, Kinderwunsch und Karrieremöglichkeiten einfach nicht. Man kann sich alles sehr schön gedacht haben und doch ziemlich zuverlässig am Leben scheitern. Gerade wer Kinder aufschiebt, kommt nicht selten mit dieser fehlenden Planbarkeit in Konflikt. Und wer die Kinder vor die Karriere setzt, läuft gegen Wände aus Vorurteilen, dass Mütter sich nach Geburten komplett verändern und kein wirkliches Interesse mehr an irgendetwas anderem außerhalb des Kinderwohls haben. Eine kinderbedingte Auszeit scheint in der Logik der Berufswelt schließlich immer zwangsläufig dazu zu führen, dass Frauen ihr gesamtes vorheriges Wissen verlieren. Ganz anders verhält es sich hingegen bei Sabbaticals von männlichen Managern, diesen selbst gewählten längeren Auszeiten, um den Iron Man zu absolvieren oder ein indisches Kloster zu besuchen. Die kommen immer nur mit noch mehr Ideen und voller Inspirationen zurück.

Wer die Kinder bekommt, ganz egal wann, darf sich anschließend in der Arbeitswelt der Aufgabe widmen, sie wieder unsichtbar zu machen. Die männlichen Kollegen schaffen das schließlich auch. Neben Krankheitstagen wegen Hand-, Mund-, Fußkrankheit (der Maul- und Klauenseuche für Eltern) oder halben freien Tagen aufgrund von Geburtstagseinladungen, sind steinzeitliche Gedanken an das Wohl der lieben Kleinen in der Kita absolut tabu. (Alles nur die Hormone, da stehen wir so was von drüber. Schließlich sind sie doch super aufgehoben in der Kita, in der man Gott sei Dank noch einen Platz bekommen hat, weil die Stadt gerade wieder den Betreuungsschlüssel hochsetzte und nun zwanzig Kleinkinder von einer Erzieherin verwahrt werden.) Wer das nicht optimal findet, der schallt gern entgegen, dass sie doch eine Zeitmaschine zurück an den Herd bemühen sollte oder am besten gleich in die Zukunft, wo wir alle durch Roboter ersetzt werden. Wobei das wahrscheinlich nie passiert, dafür lieben wir doch unser Büro und natürlich unseren Job viel zu sehr. Steht ja überall, dass der uns glücklich machen wird – wenn wir nur den Richtigen finden.

Und weil uns der Job so sehr erfüllt, haben wir auch nur selten wirklichen Stress. Und wenn es doch passiert, haben wir in der Logik der Zeitschriften wohl etwas falsch gemacht. Dann sollten wir »den Spieß einfach umdrehen und den Job selbst gestalten«. Jaja, so einfach ist das. Denn vieles lässt sich schließlich ändern, erklären uns die Top-Coaches den Königsweg zum Erfolg: »Vorausgesetzt Sie wissen, was Sie wollen.« So wird Männern wie Frauen suggeriert, dass wir ihn nur finden müssen, den glücklich machenden Beruf. Und dann ist das Leben geritzt. Diese Sichtweise lässt aber nicht nur außer Acht, dass die meisten eben nicht die Möglichkeit haben, einfach eine Surfschule in Australien aufzumachen. Viele können ihre Berufe nun einmal nicht wechseln wie die Unterwäsche. Und manchen fällt vielleicht nicht einmal etwas ein, das ihnen Spaß machen würde. Denn ehrlich, gibt es den überhaupt, den einen Job, der immer Spaß macht? Ich denke nicht. Aber uns wird trotzdem erklärt, alles wäre einfach zu lösen – und die Lösung sei unsere eigene Verantwortung. So liegt es einmal mehr an uns und nicht an einer zu hohen Arbeitsbelastung oder unglücklich machenden Rahmenbedingungen, wenn wir das Gefühl haben, hier stimmt etwas nicht. Wer seine Freunde nicht mehr sieht, kann sich schließlich neue am Kopierer suchen.

Eine weitere Möglichkeit zur Stressvermeidung, neben dem Jobwechsel, besteht außerdem darin, einfach noch weiter aufzusteigen (überhaupt »die Möglichkeit, den eigenen Job endlich flexibel zu gestalten«). Und die Ansprüche an die besten Strategien gegen Stress, wenn er doch einmal kommen sollte, gehen so: »Effektiv müssen sie sein und möglichst wenig Aufwand kosten.« Eine fünfminütige Traumreise, eine Tasse des Lieblingstees oder ein heißes Bad am Abend versprechen dann schnelle Besserung. Und sind gegen Überlastung und Burn-out, da bin ich mir sicher, bestimmt genauso wenig Erfolg versprechend wie die Diäten der Frauenzeitschriften. Dann doch lieber Stress vermeiden mit »guter Organisation und realistischer Selbsteinschätzung«? Diese Jobtipps passen perfekt in unsere Arbeitswelt: Wenn die Arbeit nicht passt, musst du etwas tun und sie dir passend machen. Und wenn du an der Arbeitswelt scheiterst, hast du dich einfach mal wieder nicht genug bemüht. Aber so geht es eben, das Lied von den erfolgreichen Frauen.

Das Lied von den erfolgreichen Frauen

Eigentlich, ja eigentlich, gibt es nur Gründe, sich zu freuen. Es ist natürlich völlig in Ordnung für Frauen, ihre Arbeit zu lieben und richtig Geld zu verdienen – und das Geld dann für fantastische Bürooutfits, eine schicke Wohnungseinrichtung oder eine äußerst exquisite Laptoptasche auszugeben. Wir hängen uns so richtig rein, für uns und den eigenen Kontostand. Die richtig erfolgreichen Frauen sind nämlich die beruflich erfolgreichen Frauen. Sie sind nicht nur in den Frauenzeitschriften zu finden, sondern auch in der *Wirtschaftswoche* und dem *Manager Magazin*. Die modernen Heldinnenepen haben eines gemeinsam. In Allgegenwart der gläsernen Decke verstehen sich diese Frauen als etwas Besonderes. Und natürlich kennen wir alle die schmerzliche Wahrheit: Das sind sie tatsächlich. Frauen in Führungspositionen sind immer noch unterrepräsentiert. Das Besondere an diesen Frauen, so erfahren wir in den Portraits, sind ihre außergewöhnlichen Eigenschaften. Sie erschaffen nicht weniger als die Zukunft. Selbstbewusst sind sie, diszipliniert, taff, durchsetzungsstark und zäh. Sie sind die Löwinnen und nicht die Mäuschen. »Sie verkaufen sich nicht unter Wert!«, rufen die Coaches. »Sie sind ehrgeizig, strebsam und begierig auf Erfolg. Und fühlen sich wohl damit.« Wenn du das auch willst – und wie könntest du es nicht wollen –, musst du dich nur ordentlich mühen.

Diese Erzählung spaltet Frauen in zwei Gruppen. Neben den erfolgreichen gibt es in dieser Logik nämlich noch die 95 Prozent der anderen Frauen. Das müssen dann die weniger ambitionierten Exemplare in ihren leicht langweiligen, rückständig-domestizierten Leben sein (das sind diese Leben in Teilzeit und ohne Firmenwagen). Die, die ihren Job nicht genug lieben, die sich nicht ausreichend reingehängt haben, wie Sheryl Sandberg in ihrem Bestseller *Lean In*, halb Karriereratgeber, halb Memoiren der US-Managerin, schreibt. Oder die, die zu feige waren, wie Basha Mika, erfolgreiche deutsche Chefredakteurin, findet. Das ist eine in der Logik des Wirtschaftslebens sehr sinnvolle Teilung. Weil sie den alten Mythos des »Jeder kann es schaffen, wenn man sich nur anstrengt« auch für Frauen erschließt. Wichtig ist allein ein ungebrochener Enthusiasmus und eine tiefe Liebe zur eigenen Arbeit. Dabei lieben die meisten Menschen ganz andere Dinge als ihren Job. Oder sie mögen ihn und würden sich trotzdem nie als erfolgreich bezeichnen. Weil sie etwas tun, was bei der Verteilung von Geld und Status nicht ganz vorn in der Reihe stand. Arbeit ist für die meisten von uns eine Notwendigkeit und keine Lifestyle-Entscheidung. Unsere Arbeit kann mehr oder weniger erfüllend sein und oft ist die gleiche Arbeit sogar an einigen Tagen das eine und an anderen das komplette Gegenteil. Die Erzählung der erfolgreichen Frauen mit ihren erfüllenden Jobs, die von Herausforderungen, Weiterentwicklung und Spaß – aber nur selten von Langeweile und Monotonie geprägt sind (und wenn, muss man was ändern!), eignet sich hier gut. Dabei gibt es mehr Gründe, wieso der Chefinnensessel nicht erreicht wird als fehlende Leidenschaft und mangelnder Ehrgeiz. Aber die passen nicht so schön zu Selbstverantwortung und der Verdammung der Mittelmäßigkeit. Wir alle wissen, dass ein Arbeitsleben oft genauso wenig plan- und berechenbar ist wie das Leben an sich. Man kann sich anstrengen und aufreiben und trotzdem nichts werden. Davon können nicht nur die 95 Prozent erzählen, sondern sicher auch die 5 Prozent der richtig Erfolgreichen.

Wie ein Mann, nur besser

Jemand Kluges hat einmal gesagt, dass echte Gleichberechtigung erst erreicht ist, wenn auch die durchschnittlichen und unterdurchschnittlichen Frauen in Führungspositionen sitzen, wie bei den Männern. (Als Ergänzung könnten wir versuchen, Führungspositionen für beide, für Männer wie Frauen, nicht als das ultimative Lebensziel anzusehen, aber das hatten wir ja schon.) Ich glaube aber, bis dahin müssen wir noch ein wenig warten. Bisher scheint die beste Variante, richtig erfolgreich zu sein, erst einmal, sich wie ein Mann zu verhalten. Ein Mann in Bleistiftrock und hohen Schuhen versteht sich. So steht es in unseren Karriereplanungshilfen. Neben falscher Kleidung und flachen Schuhen steht uns hier aber auch allzu häufig unsere Stimme im Weg. Denn, das wissen wir schließlich alle, Frauen reden viel zu viel und generell mehr als Männer. Aber stimmt das wirklich, habe ich mich gefragt? Es gibt nämlich auch Untersuchungen, die zu ganz anderen Ergebnissen kommen. Egal, ob man Frauen und Männer bat, etwas auf ein Tonband zu sprechen, ob es um Frauen und Männer im Fernsehen oder auf Podien ging, ob Unterhaltungen in gemischten Gruppen beobachtet wurden oder Unterhaltungen zu Themen, bei denen die anwesenden Frauen das größere Wissen hatten, Frauen hatten immer einen geringeren Redeanteil als Männer. Selbst das gern genommene Beziehungsbeispiel, wo wir unsere Partner angeblich in Grund und Boden plappern und diese dann in der männlichen Stille versinken, offenbart auf den zweiten Blick eine andere Interpretation. Hier reden Frauen zwar mehr, sagen die Wissenschaftler, füllen aber im Reden eine Zuhörerinnenrolle aus. Sie animieren die Männer, ihre Meinung zu äußern, fragen nach und bieten verschiedene Themen an, um das Gespräch am Laufen zu halten.[101] Das machen Männer eher selten. Dafür unterbrechen sie Frauen häufiger. Was auch daran liegen mag, dass sie die weibliche Stimme so ungern hören. Denn die stört Männer angeblich schon rein biologisch betrachtet – bereits aufgrund der Tonlage sei sie quasi per se eine Belastung für das männliche Ohr. Das mag lächerlich klingen. Aber dass Frauen sich durch ihre Sprechweise die Wirkung ihrer Worte verbauen, ist eine weitverbreitete Idee, wenn es um unseren beruflichen Erfolg geht. Wer fiepst und quietscht, irgendwie nölt oder gackert, wird seltener ernst genommen. Es gab ein paar bekannte Versuche, dies zu ändern. Die britische Premierministerin Margaret Thatcher zum Beispiel soll sich eine tiefere Stimme antrainiert haben und der politische Erfolg folgte prompt auf dem Fuß. Kaum ein Persönlichkeitsseminar, das sich an Frauen richtet, in dem nicht das Sprechen eine Rolle spielt. Mehr Volumen, klarer, lauter, nicht so viele Pausen, nicht so langsam, besser atmen – die Liste der Dinge, die wir im Interesse des eigenen Aufstieges besser machen könnten, ist lang. So werden Sprechpausen gestoppt oder der sogenannte »uptalk« trainiert. Das ist das bewusste Anheben der Stimme am Ende des Satzes, um zu verhindern, in der eigenen Argumentation unterbrochen zu werden. Es ist nur eines von mehreren Werkzeugen, um sich Gehör zu verschaffen. Und vielleicht nicht das schlechteste angesichts der männlichen Unterbrechungswut. Und doch irritiert mich die Annahme hinter diesen Hilfestellungen. Denn ich warte schon eine ganze Weile auf den Artikel in der *Wirtschaftswoche*, der Männern empfiehlt, leiser zu sprechen und weniger Floskeln wie »Es ist doch offensichtlich, dass …« zu verwenden. Weil diese verbale Marotte sonst im Büro den Eindruck erwecken könnte, der Sprecher sei ein ziemlicher

Klugscheißer. Frauen zu sagen, wie sie sich zum beruflichen Erfolg reden sollten, ist schließlich gar nicht so weit entfernt von Ratschlägen zu ihren Körpermaßen und ihrem Aussehen. Wieder ist an uns etwas falsch, aber wir haben die Veränderung selbst in der Hand. Außerdem bedeutet die Bewertung der weiblichen Sprache wieder zuerst, diese abzuwerten, also das weibliche Sprechen irgendwie schlechter zu finden – um dann eine Lösung anzubieten. Und diese ist gar nicht so weit entfernt von den ultimativen Sommerdiättipps. »Mache ich zu viele Sprechpausen?« ist einem »Sehe ich in der Hose dick aus?« nicht unähnlich. Ersteres nehmen wir nur bereitwilliger an. Denn sich um den eigenen Erfolg zu kümmern ist noch ein bisschen schicker als die Arbeit am eigenen Körper, weil es selbstbestimmter scheint. Natürlich lassen sich auch männliche Vorstandsvorsitzende gern rhetorisch schulen. Aber hier wird nicht das männliche Sprechen per se als erfolgsverhindernd abgewertet. Außerdem fangen Frauen mit dem Hinterfragen der eigenen Stimme bereits in bedeutend tieferen Hierarchiestufen an. Und der zu erreichende Standard ist männlich geprägt, denn man sollte tiefer und akzentuierter sprechen.

Neben dem Tipp, die eigene Stimme anzugleichen, um gehört zu werden, könnten wir auch noch wie die Männer gehen oder fühlen. Denn Männer fühlen sich, so heißt es in einem Artikel, immer so, als könnten sie alles erreichen. Und wenn wir wie die Männer fühlen, würde sich alles, was wir sagen, so anhören, als wäre es neu und wahnsinnig wichtig. Selbst, wenn wir nur über unser Mittagessen reden. Aha. Außerdem erklären Männer gern. Das stimmt sogar, darüber hat die US-amerikanische Autorin Rebecca Solnit mit *Wenn Männer mir die Welt erklären* ein ganzes Buch geschrieben. Deshalb, so die Frauenzeitschriften, sollten auch wir uns antrainieren, andere kontinuierlich an unserem Wissen teilhaben zu lassen, ob sie wollen oder nicht. Und wenn wir dann weit genug aufgestiegen sind, brauchen wir uns wahrscheinlich, genauso wie die erfolgreichen Männer, auch keine Gedanken mehr um unsere eher unangenehmen Eigenschaften zu machen. Teammitglieder müssen sich ja von Chefs und Chefinnen immer schnell wieder besänftigen lassen, zum Beispiel, indem wir ihnen ungefragt den Rücken massieren.

Die Politikwissenschaftlerin Anne-Marie Slaughter, die ehemals eine der hochrangigsten Positionen im US-Außenministerium bekleidete und sie wieder aufgab, um mehr Zeit für ihre pubertierenden Söhne zu haben, beschäftigt sich in ihrem Buch mit vielen Erfolgsmythen, die Frauen angeblich den Weg nach oben ebnen. Sich wie Männer zu benehmen gehört ebenso dazu wie die Idee, dass sich richtig reinzuhängen automatisch zum Erfolg führt. Diese Mythen suggerieren, dass Frauen doch alles haben können, wenn sie nur wollen. Anne-Marie Slaughter setzt diesem Mythos ihre Wahrheit gegenüber. Sie schreibt: »Wenn du dich richtig engagierst, kannst du alles haben, wenn du das Glück hast, dass sich an genau dem Punkt Chancen ergeben, an dem deine sorgfältig konstruierte Balance aus Arbeits- und Privatleben gerade hält. Du kannst alles haben, wenn du den richtigen Partner wählst, der seine eigene Karriere zurückstellt, ihr ein Paar bleibt und deine Bedürfnisse, wie viel Zeit du im Job, mit deiner Familie oder mit deinen kranken Eltern verbringen willst, sich nicht ändern. Und du kannst alles haben, wenn du alles der Reihe nach in Angriff nimmst. Und dann das Glück hast, genau dann schwanger zu werden, wenn du Kinder haben möchtest.«[102]

Diese Zeilen mögen von »Frauenthemen« erzählen, sie gelten aber trotzdem genauso für Männer. Denn egal, wie Männer sich im Arbeitsleben verhalten oder wie wir glauben, wie sie sind, Selbstaufgabe zugunsten der Arbeitswelt lässt viele von ihnen auch ziemlich unglücklich zurück. Genau deshalb ist es noch falscher, Frauen zu erzählen, sie müssten sich genauso verhalten wie Männer, um erfolgreich und glücklich zu werden. Stattdessen könnten wir alle überlegen, was wir wichtig finden, für uns und für unser Leben – im Job und darüber hinaus. Dann bräuchten wir vielleicht auch keine vermeintlich männlichen Verhaltensweisen auf Frauen übertragen und an anderen Stellen Weiblichkeit fordern. Im besten Fall finden wir dann nämlich ein paar Werte und Verhaltensweisen, die für alle passen und uns dem eigenen Glück tatsächlich ein Stück näherbringen.

Bye, bye giftige Gedanken

»Es ist höchste Zeit für Schönheitswahn-Detox«, habe ich auf den ersten Seiten dieses Buches geschrieben, und deshalb fehlt jetzt eigentlich nur noch eines: ein ordentliches, schnelles und selbstverständlich hocheffektives Entgiftungsprogramm. Obwohl wir nun natürlich auch wissen, dass wir eigentlich überhaupt nicht entgiften müssen und Detox Quatsch ist, weil die Gifte in unserem Körper ziemlich zuverlässig von unseren Organen herausgespült werden. Aber das hier ist etwas anderes. Das hier ist ein Programm gegen die giftigen Gedanken. Und die gehen nicht einfach wieder. Sie sammeln sich stattdessen nur allzu gern in den dunklen Ecken, in denen auch unsere Zweifel wohnen.

Giftige Gedanken sind diese kleinen inneren Selbstgespräche mit Fragezeichen, diese verinnerlichten Kriterien, wie wir denken, fühlen, uns verhalten und vor allem aussehen sollten. Aber wir werden eben nicht mit giftigen Gedanken geboren, wir erlernen und verinnerlichen sie erst mit der Zeit. Und eines lässt sich nicht leugnen, das haben wir gesehen: Das Versprechen, besser, schöner und überhaupt viel wunderbar-großartiger zu werden, wenn wir nur dieses oder jenes tun und uns ein bisschen mehr anstrengen, lauert leider überall.

Aber wie sang schon Queen: »If you can't beat them, join them« (Wenn du sie nicht besiegen kannst, schließe dich ihnen an). Und deshalb schlagen wir die Schönheitsbranche und ihre Helfer von nun an mit ihren eigenen Waffen. Mit Detox. Ein wenig Rüstzeug haben wir schon, denn wir haben hinter die Kulissen geblickt und ihre Taktiken entlarvt. Wir wissen, dass sie nur so tun, als wären sie unsere Freundinnen, um uns Defizite und Problemzonen einzureden, damit wir unsere Geldbörse öffnen (und in den Zeitschriften lesen wir dazu: »Hoffentlich ist es die topmoderne Geldbörse in der richtigen Frühlingsfarbe. Die, die in unserer neuen Damenhandtasche liegt, die wir heute Morgen zu unserem wahnsinnig erfolgreichen Job mitgenommen haben!«).

Wir sind durch unser Wissen schon ein bisschen besser gewappnet. Es ist aber wichtig, dass wir das Ganze nicht gleich wieder vergessen. Ich habe da vollstes Vertrauen in unsere geistigen Fähigkeiten. Aber ich weiß von mir selbst, wie leicht es ist, dem Flüstern und Rauschen um uns herum doch wieder zuzuhören. Deshalb macht eine Entgiftung von Zeit zu Zeit Sinn. Und dieser Schönheitswahn-Detox-Plan – Achtung, Werbeeinblendung – ist nicht nur einfach und günstig, er spart Ihnen vermutlich sogar noch Geld ein. Mit diesem Plan gibt es allerdings keinen Neustart, wir werden zu keiner völlig neuen Person. Wir werden uns nicht neu erfinden, denn es gibt uns ja schon und wir sind ziemlich großartig. Wir müssen uns also gar nicht neu erschaffen. Wir werden nur einfach aufhören, uns dafür zu entschuldigen, wer wir sind: vor uns selbst und vor allen anderen. So gewinnen wir auf jeden Fall etwas hinzu: Wir bekommen uns selbst zufriedener zurück. Zufriedener wohlgemerkt, und nicht gesünder, fitter und schöner. Auch wenn ich nicht dafür garantieren kann, dass auch das als Nebenwirkung passieren könnte. Seien Sie also gewarnt, bevor Sie mit Schritt eins loslegen.

Der Schönheitswahn-Detox-Plan

Schritt 1: Im ersten Schritt befreien wir unser System von allen falschen Glückversprechen, Abnehmschlagzeilen, ungefragten Lebenshilfen und pseudowissenschaftlichem Blabla. Das wird nicht leicht, denn die Gedanken sind frei, auch die giftigen. Wir werden nicht immer beeinflussen können, was den Weg in unsere Köpfe findet. Aber wir können aufpassen, welche Gedanken und Fragezeichen sich dort einnisten.

Schritt 2: Als Nahrungsmittelergänzung nehmen wir deshalb täglich zusätzlich eine ordentliche Dosis Skepsis ein, falls uns doch noch die ein oder andere giftige Botschaft über den Weg läuft. Wir werden nur noch müde lächeln, wenn uns jemand verspricht, ein für alle Mal die letzten drei Kilo loszuwerden. (Vielen Dank, ich brauche wirklich keine weitere Anleitung, um Gemüse als die Kohlenhydrate zu verkleiden, die ich eigentlich viel lieber essen würde. Das Leben ist zu kurz für Blumenkohl-Pizzateig.)

Schritt 3: Sich selbst lieben. Das Leben leben, wie wir wollen, heute schon und nicht erst in der Zukunft. Mit dem Ich und dem Körper, den wir haben. Mit den Wünschen und Zielen, die uns wichtig sind. – O.k., das klingt jetzt nach ein paar, vielleicht ein bisschen zu großen Halbsätzen. Weil sie an Heidi Klum erinnern, die für Instagram ein Kusshändchen macht (»Yeah, Self-Love, Ladies«). Dabei heißt, sich selbst zu mögen doch einfach nur, sich zu kennen, selbstverständlich als man selbst durch die Tür zu treten und uns mit Vertrauen und Freundlichkeit zu behandeln. Und freundlich zu sich selbst zu sein bedeutet, einen neuen Umgangston mit uns zu finden. Denn unsere giftigen kleinen Gedanken reden nur selten freundlich mit uns.

Das ist er, mein Entgiftungsplan und ich will ehrlich sein. Es wird nicht leicht. Es ist manchmal ziemlich hart, ihn zu befolgen. Ich habe die meisten Sachen ja auch gemacht, Saftkuren, Diätpulver, 30-Tage-Workouts, Lebensmittel weglassen oder gleich periodisches Fasten, im Grunde genommen also hungern mit kleinen Unterbrechungen. Danach folgten die kurzen Intervalle, in denen ich mir für die Big Macs vergab und mich am Ende sogar besser fühlte, wenn auch meistens nur, weil die ganze Anstrengung erst einmal überstanden war. Das gute Gefühl blieb aber nie lang, es verging mit der gleichen Sicherheit, mit der verlorene Kilos spätestens nach ein paar Jahren wieder zurückkommen. Das gute Gefühl geht zuverlässig wieder weg, weil seine Basis war, dass wir uns nicht mögen, dass wir etwas an uns ablehnen, weil es scheinbar nicht passt. Und uns dann kurz lieber mögen, weil es repariert wurde. Die ganze Grundidee ist falsch, denn das nächste Fragezeichen wartet verlässlich schon um die Ecke. So kann das gute Gefühl nicht von Dauer sein. Das gilt für Kilokämpfe. Und es gilt für die perfekte Partnerschaft oder die Suche nach dem Traumjob. Es gilt für alles, was uns ein glücklicheres Leben verspricht, aber uns im ersten Schritt erklärt, dass unser jetziges voller Fehler steckt.

Und trotzdem ist es auch eine ziemlich schmerzhafte Trennung, sich von dem Versprechen auf das perfekte Ich zu verabschieden. Immerhin versorgte es uns zuverlässig mit einer ganzen Menge an Hoffnungen und Träumen. Sich vorzunehmen, die eigenen Bedürfnisse ernst zu nehmen und besser zu kommunizieren, wird nicht leicht. (Aber Frauen haben sich noch nie vor harter Arbeit gedrückt, schließlich bringen wir hier die Kinder auf die Welt.) Gewöhnen wir uns einfach an, tief einzuatmen und mit dem Ausatmen das laut auszusprechen, was wir wollen und brauchen, ohne schlechtes Gewissen und ganz egal, ob es unser Essen, unsere Beziehungen oder unser Berufsleben betrifft. Wir können alte Vorstellungen, wie wir zu sein haben, durch neue ersetzen. Das ist nicht immer einfach, kostet Kraft und tut eventuell sogar manchmal weh. Aber das gilt auch für das Waxen unserer Bikinizone.

Schreiben wir unsere eigene Schönheitsgeschichte und beenden gleich den ersten Satz mit einem Ausrufezeichen: »Gut genug reicht auch!« Denn in einer Welt, die sich an unseren Selbstzweifeln nährt, ist es eine radikale Entscheidung, sich selbst zu lieben. Wählen wir einfach Mut, Neugier und Tatkraft als Begleiter, wenn andere wollen, dass wir unsicher sind und zweifeln. Bye, bye giftige Gedanken.

the FUTURE is FEMALE

Anmerkungen

1. IVW 1/2016. http://www.dwdl.de/zahlenzentrale/55615/ivw_12016_so_hoch_ist_die_harte_auflage_wirklich/page_0.html, Stand: 10.10.16.
2. Werbespot für die Nivea for Men »DNAge« – Pflegeserie. https://www.youtube.com/watch?v=U7JIwn78jos, Stand: 08.10.16
3. »In Germany, for example, Elnett was sold at twice the price as competitor products, a tactic, he later observed, which worked to ›wear the competition out while we made all the money‹.« François Dalle, legendärer L'Oréal Chef, zitiert in: Geoffrey Jones: *Beauty Imagined.* Oxford UP, Oxford 2010, S. 217.
4. Ebba D. Drolshagen: *Des Körpers neue Kleider. Die Herstellung weiblicher Schönheit.* Krüger, Frankfurt/M. 1995, S. 98.
5. Friedrich Georg Nürnberger: »So-called cellulite: an invented disease.« In: *The Journal of Dermatologic Surgery and Oncology.* 4(3), 1978, S. 221–229.
6. »33 Tipps gegen Cellulite.« http://www.freundin.de/33-tipps-gegen-cellulite.html, Stand: 10.10.16.
7. Geoffrey Jones: *Beauty Imagined.* Oxford UP, Oxford 2010, S. 367.
8. »Große Modezeitschriften wie *Instyle* oder *Vogue* machen es vor: In den Hochglanzheften werden Anzeigen von Gucci, Prada & Co. genauso intensiv angeguckt wie die Inhalte dazwischen. Dass Werbung mit Inhalten verschmilzt anstatt den Lesefluss zu stören, ist der Traum von jedem Marketing-Chef …« https://www.lead-digital.de/aktuell/social_media/content_von_freunden_so_wandelt_facebook_werbung_in_inhalte, Stand: 11.10.16.
9. Catrin Bialek: »Nielsen-Studie. Die Kaufkraft der Frauen.«, *Handelsblatt Online,* 03.07.2011,http://www.handelsblatt.com/unternehmen/handel-konsumgueter/nielsen-studie-die-kaufkraft-der-frauen/4336320.html, Stand: 11.10.16.
10. Gloria Steinem: »Sex, Lies and Advertising.« *Ms. Magazine,* Juli/August 1990, S. 18–28.
11. Studien gesammelt zitiert in: Lindsey Conlin und Kim Bissell: »Beauty Ideals in the Checkout Aisle: Health-Related Messages in Women's Fashion and Fitness Magazines.« In: *Journal of Magazine and New Media Research,* 15/2, 2014, S. 4.

12. »Rimmel Kate Moss ad ›broke rules‹«, BBC News, 03.10.2007, http://news.bbc.co.uk/2/hi/uk_news/7025668.stm, Stand: 11.10.16.
13. Studien gesammelt zitiert in: Kelly Beane: »Appealing to Women: An Analysis of Print Advertisements in Three Women's Interest Magazines.« In: *The Elon Journal of Undergraduate Research in Communications,* 4/2, 2013, S. 92ff.
14. Originalzitat »chasing the beauty dragon«, in: Siobhan O'Connor und Alexandra Spunt: *No More Dirty Looks. The Truth about Your Beauty Products,* Da Capo, New York 2010, S. 25.
15. Meaghan Ramsay in ihrem Vortrag *»Why Thinking you're ugly is bad for you«,* Ted Talk, September 2014, https://www.ted.com/talks/meaghan_ramsey_why_thinking_you_re_ugly_is_bad_for_you/transcript, Stand: 22.06.2017.
16. Ulrich Renz: *Schönheit. Eine Wissenschaft für sich.* Berliner Taschenbuch-Verlag, Berlin 2007, S. 88f.
17. Frank Thomas Koch und Lutz Hofer: »Immer schlanker und kranker? Models in der Werbung.« In: *Stereotype? Frauen und Männer in der Werbung,* VS Verlag, Wiesbaden 2011, S. 197ff.
18. Nancy Etcoff: *Nur die Schönsten überleben. Die Ästhetik des Menschen.* Diederichs Verlag, München 2001.
19. Sina Troll: »Pickel, Falten, Augenringe? DAS will dir deine Haut sagen!«, *InStyle Online,* 08.08.2016, http://www.instyle.de/beauty/du-hast-hautprobleme-das-sagen-sie-wirklich-ueber-dich-aus, Stand: 13.10.16.
20. »Wie zufrieden ist Deutschland mit seinem körperlichen Wohlbefinden?«, Nestlé Online, 07.07.2014, http://www.nestle.de/medien/medieninformationen/studie-zu-koerperlichem-wohlbefinden, Stand: 10.10.16.
21. »Dove Research: The Real Truth About Beauty: Revisited.«, dove.com, ohne Datum, http://www.dove.com/us/en/stories/about-dove/our-research.html, Stand: 10.10.16.
22. Meaghan Ramsay in ihrem Vortrag *»Why Thinking you're ugly is bad for you«,* September 2014, siehe Anm. 15
23. Hannah Wilhelm und Michael Meyen: »Was die neuen Frauen wollen. Eine qualitative Studie zum Mediennutzungsverhalten von Leserinnen der Zeitschrift *Glamour.«* Münchener Beiträge zur Kommunikationswissenschaft 1, 2004, S. 46ff.
24. Kjerstin Gruys: *Mirror, Mirror Off the Wall: How I Learned to Love My Body by Not Looking at It for a Year.* Avery, New York 2014.
25. http://www.prosieben.de/tv/germanys-next-topmodel/video/staffel-6/62-die-ungeschminkte-wahrheit-clip, Pro Sieben Online, Stand: 21.10.2016.
26. Violetta Simon: »Ungeschminkte Perfektion«, *Süddeutsche Zeitung Online,* 11.10.2016, http://www.sueddeutsche.de/stil/no-makeup-bewegung-ungeschminkte-perfektion-1.3200594, Stand 21.10.16.

27. Interview mit Siobhan O'Connor, *The Beheld. Beauty, and what it means,* Online-Blog von Autumn Whitefield-Madrano, 08.11.2011, http://www.the-beheld.com/2011/11/siobhan-oconnor-journalist-new-york.html, Stand 21.10.16, Übersetzung Corinne Luca.
28. »Fotograf Steve McCurry wegen Photoshop-Nutzung in der Kritik«, *Deutsche Welle Online,* 02.06.2016, http://www.dw.com/de/fotograf-steve-mccurry-wegen-photoshop-nutzung-in-der-kritik/a-19298306, Stand: 22.10.16.
29. Iris Alanyali: »Die echte Frau ist in der ›Brigitte‹ nur eine Lüge«, 08.09.2012, *Welt Online,* https://www.welt.de/kultur/article109093606/Die-echte-Frau-ist-in-der-Brigitte-nur-eine-Luege.html, Stand 22.10.16.
30. »But it was great to do, a challenge, to keep everyone's skin and faces showing the mileage but not looking unattractive.« Jack Neff: »Dove's ›Real Beauty‹ Pics Could Be Big Phonies«, Webplattform der Zeitschrift *AdvertisingAge,* 07.05.2008, http://adage.com/article/news/dove-s-real-beauty-pics-big-phonies/126914/, Stand: 22.10.16.
31. Jessica Weiner: *Do I Look Fat in This?: Life Doesn't Begin Five Pounds from Now.* Simon and Schuster, New York 2005, S. 111ff.
32. Renee Engeln-Maddox und Steven A. Miller: »Talking Back to the Media Ideal«. In: *Psychology of Woman Quarterly* 2/32, 2008, S. 159–171.
33. Stephanie Pappas: »Despite aging readership, magazines feature more young women«, *NBC NEWS Online,* 06.12.2011, http://www.nbcnews.com/id/43360848/ns/health-skin_and_beauty/t/despite-aging-readership-magazines-feature-more-young-women/, Stand 22.10.16.
34. Kyle Buchanan: »Leading Men Age, But Their Love Interests Don't«, *Vulture, nymag.com,* 18.04.2013, http://www.vulture.com/2013/04/leading-men-age-but-their-love-interests-dont.html?mid=twitter_vulture, Stand: 27.10.16.
35. Maria Marquart: »Cremen wird in Deutschland zum Volkssport«, *manager magazin,* 18.04.2016, http://www.manager-magazin.de/unternehmen/handel/ausgaben-fuer-kosmetik-deutschland-ist-europameister-a-1087681.html, Stand: 27.10.16.
36. Herrad Schenk: *Der Altersangst-Komplex. Auf dem Weg zu einem neuen Selbstbewusstsein,* C.H.Beck, München 2005, S. 94ff.
37. Bruce A. Carnes, Leonard Hayflick und S. Jay Olshansky: »Die Mär vom Jungbrunnen«, *Spektrum Online,* 01.08.2002, http://www.spektrum.de/magazin/die-maer-vom-jungbrunnen/828990, Stand: 27.10.16.
38. »Antifaltencremes: Keine sichtbare Wirkung – auch teure Cremes mangelhaft«, *Stiftung Warentest test.de,* 21.12.2015, https://www.test.de/Antifaltencremes-Keine-sichtbare-Wirkung-auch-teure-Cremes-mangelhaft-4958551-0/, Stand: 27.10.16.
39. Ariane von Dewitz: »Schöner Spritzen – Fluch und Segen von Botox«,

Deutschlandfunk Kultur, 26.02.2017, http://www.deutschlandfunkkultur.de/schoener-spritzen-fluch-und-segen-von-botox.1076.de.html?dram:article_id=379899, Stand: 22.06.17.

40. Studie: »Frauen wollen größere Brüste, Männer straffere Lider«, 09.09.2015, *Süddeutsche Zeitung Online,*. http://www.sueddeutsche.de/leben/studie-zu-schoenheitsoperationen-frauen-wollen-groessere-brueste-maenner-straffere-lider-1.2640353, Stand: 27.10.16.
41. Kiri Blakeley: »The World's Top-Earning Models«, 16.07.2007, *Forbes Online,* http://www.forbes.com/2007/07/19/models-media-bundchen-biz-media-cz_kb_0716topmodels.html, Stand: 16.10.16.
42. Amy Malkin, Kimberlie Wornian und Joan Chrisler: »Women and Weight: Gendered Messages on Magazine Covers«, in: *Sex Roles* 40, 1999, S. 651.
43. David E. Summer und Shirrell Rhoades: *Magazines. A Complete Guide to the Industry.* Peter Lang, New York 2006, S. 51.
44. Geoffrey Jones: *Beauty Imagined.* Oxford UP, Oxford 2010, S. 102f.
45. »BH-Panne!«, *Bunte.de,* 07.01.2015, http://www.bunte.de/mode-stil/mode-der-stars/mode-pannen/sabia-boulahrouz-bh-panne-97341.html, Stand: 22.06.2017.
46. Michelle Hunziker: »Niemand hat Problemzonen«, *Grazia* 39, September 2016, S. 12ff.
47. Jennifer Aniston: »Diese Sache möchte ich ein für alle Mal klarstellen«, *Huffington Post Online,* 13.07.2016, http://www.huffingtonpost.de/jennifer-aniston/jennifer-aniston-medien-wuetend_b_10962558.html, Stand: 30.10.16.
48. »Oha! Rachel Bilson zeigt ihren »perfekten« After-Baby-Body«, *Promiflash,* 17.09.2015, https://www.promiflash.de/news/2015/09/17/oha-rachel-bilson-zeigt-ihren-perfekten-after-baby-body.html, Stand: 30.10.16.
49. »Taylor Swift. Ihre clevere Single-Strategie«, Grazia 46, November 2014, S. 18–22.
50. Mädchen und Jungen in Deutschland. Lebenssituationen – Unterschiede – Gemeinsamkeiten. Bericht des Bundesministeriums für Familie, Senioren, Frauen und Jugend (BMFSFJ) 2007, https://www.bmfsfj.de/blob/94248/74a020585b488e07089cc483fb7630be/maedchen-und-jungen-in-deutschland-data.pdf, Stand: 16.03.17., S. 15.
51. FreeLee – The Banana Girl und Deliciously Ella zitiert in der BBC-Dokumentation *The Truth about Clean Eating,* 2016, https://www.youtube.com/watch?v=sC9FRJSvrW8, Stand: 13.03.17.
52. Margaret Abrams: »A WGSN Trend Forecaster Explains Why Tonic Youth Will Be Huge in 2018«, *Observer Online,* 01.06.2016, http://observer.com/2016/06/a-wgsn-trend-forecaster-explains-what-everyone-will-wear-in-summer-2018/, Stand: 24.11.16.

53. Kathryn McKelvey und Janine Munslow: *Fashion Forecasting.* Wiley Blackwell, Oxford 2008, S. 6ff.
54. Simon Neville: »WGSN founder Marc Worth sets up rival trend forecaster Stylus Fashion«, *Independent Online,* 03.09.2014,. http://www.independent.co.uk/news/business/news/wgsn-founder-marc-worth-sets-up-rival-trend-forecaster-stylus-fashion-9709327.html, Stand: 24.11.16.
55. »So reagieren Kinder auf Modeanzeigen«, *Stern Online,* 28.07.2015, http://www.stern.de/familie/kinder/frauenbild-in-der-werbung-so-reagieren-kinder-auf-modeanzeigen-6361968.html, Stand: 24.11.16.
56. Simone Salden: »Shoppingverhalten von Frauen. Ein Schrank voll Frust«, *Spiegel Online,* 09.03.2017, http://www.spiegel.de/wirtschaft/unternehmen/greenpeace-umfrage-frauen-shoppen-gegen-stress-a-1137882.html, Stand: 11.03.17.
57. »Ausgaben für Damenbekleidung nach wie vor doppelt so hoch wie für Herrenbekleidung«, Statistisches Bundesamt, Pressemitteilung Nr. 139, 20.04.2016, https://www.destatis.de/DE/PresseService/Presse/Pressemitteilungen/2016/04/PD16_139_631.html, Stand: 24.11.16.
58. Alex Eichler: »›Skinny Jeans Defense‹ Clears Australian Man of Rape Charges«, *The Atlantic Online,* 06.05.2010, http://www.theatlantic.com/politics/archive/2010/05/skinny-jeans-defense-clears-australian-man-of-rape-charges/345689/, Stand: 25.11.16.
59. »Glamourama. Fashion 2017«, in: *Glamour,* Januar 2017, S. 14f.
60. Linnea: »Mission Undercover: Eine Liebeserklärung an Lingerie«, *Grazia Online,* 21.07.2016, http://www.grazia-magazin.de/mission-undercover-eine-liebeserklaerung-an-lingerie-19488.html, Stand: 25.11.16.
61. »Oben ohne: 5 Gründe, ab sofort keinen BH mehr zu tragen«, *InStyle Online,* 04.08.2015, http://www.instyle.de/fashion/oben-ohne-5-gruende-ab-sofort-keinen-bh-mehr-zu-tragen, Stand: 25.11.16.
62. Caitlin Moran: *How to be a woman: Wie ich lernte, eine Frau zu sein.* Ullstein, Berlin 2012, S. 117.
63. Zit. in: Susan Faludi: *Backlash. The Undeclared War Against Women,* Vintage, London 1991, S. 226, Übersetzung Corinne Luca.
64. Amy Odell: »Christian Louboutin: Barbie Doesn't Have Cankles, She Just Could Have Had ›Thinner Ankles‹«, *TheCut, nymag.com,* 16.10.2009, http://nymag.com/thecut/2009/10/christian_louboutin_barbie_doe.html, Stand: 18.11.16.
65. Jakob Simmank: »Nach der Diät ist vor der Fettleibigkeit«, *ZEIT Online,* 21.12.2015, http://www.zeit.de/wissen/gesundheit/2015-12/abnehmen-diaet-gewicht-halten-probleme-jojo-effekt, Stand: 10.12.16.
66. Look Ahead Research Group: »Long Term Effects of a Lifestyle Intervention

on Weight and Cardiovascular Risk Factors in Individuals«, in: *Archives of Internal Medicine* 170/17, 2010, S. 1566ff.

67. Meirav Derash: »Ein Nerd mit sexy Kurven«, in: *Women's Health,* Januar/Februar 2017, S. 10.
68. »Im Roh liegt die Kraft«, in: *Women's Health,* Januar/Februar 2017, S. 41.
69. »Alles Käse!« In: *SHAPE,* August 2016, S. 58.
70. »Keine Furcht vor Flaum«, in: *Women's Health,* Januar/Februar 2017, S. 22.
71. »Nicht zunehmen im Urlaub«, in: *SHAPE,* August 2016, S. 27ff.
72. Anja Reichelt: »Traumfigur: Sie verrät uns ihr Abnehmgeheimnis!«, *Bunte.de,* 01.01.2017, http://www.bunte.de/beauty/ernaehrung/verena-kerth-traumfigur-sie-verraet-uns-ihr-abnehmgeheimnis.html, Stand: 04.01.17.
73. »Der Blitz-Check: Warum nehme ich nicht ab?« In: *JOY,* Januar 2017, S.150.
74. Allensbacher Kurzbericht: »Fast jeder zweite Deutsche würde gerne abnehmen«, IfD Allensbach, 10.04.2014, http://www.ifd-allensbach.de/uploads/tx_reportsndocs/PD_2014_08.pdf, Stand: 10.12.16.
75. Mehr zum Konzept des »intuitive eating« gibt es auf dem Blog »the fuck it diet« (https://thefuckitdiet.com), im Podcast »Food Psych« oder in: Elyse Resch und Evelyn Tribole: *Intuitiv abnehmen,* Goldmann, München 2013.
76. Inge Kloepfer und Bettina Weiguny: »Hungerwahn«, *Frankfurter Allgemeine Online,* 15.09.2016, http://www.faz.net/aktuell/wirtschaft/magersucht-hungerwahn-wenn-junge-maedchen-nichts-mehr-essen-14431865.html, Stand: 05.01.17.
77. Robert Koch-Institut: *KiGGS-Studie zur Gesundheit von Kindern und Jugendlichen in Deutschland. Basiserhebung: Störungen des Essverhaltens*. Studie des Robert Koch Instituts, abgerufen unter https://www.rki.de/DE/Content/Gesundheitsmonitoring/Studien/Kiggs/Basiserhebung/GPA_Daten/Essverhalten.pdf?__blob=publicationFile, Stand: 05.01.17.
78. »Ihr seid doch nur zu dick zum Abnehmen«, *Frankfurter Allgemeine Online,* 21.09.2016, http://www.faz.net/aktuell/gesellschaft/menschen/jeder-vierte-erwachsene-adipoes-ihr-seid-doch-nur-zu-dick-zum-abnehmen-14446178.html, Stand 05.01.17.
79. »Ihr seid doch nur zu dick zum Abnehmen«, *Frankfurter Allgemeine Online,* 21.09.2016, http://www.faz.net/aktuell/gesellschaft/menschen/jeder-vierte-erwachsene-adipoes-ihr-seid-doch-nur-zu-dick-zum-abnehmen-14446178.html, Stand 05.01.17.
80. Die hier zitierten Beispiele und Fakten stammen aus Linda Bacon: *Health at Every Size: The Surprising Truth About your Weight,* BenBella Books, Dallas 2010. Sie ist Professorin für Physiologie und Psychologie und lehrt in San Francisco.
81. Ebd., S. 14f.

82. Ebd., S. 54, Übersetzung Corinne Luca.
83. Mackenzie Dawson: »How to get a Victoria's Secret body in 28 days«, *New York Post Online,* 11.10.2016, http://nypost.com/2016/10/11/how-to-get-a-victorias-secret-body-in-28-days/, Stand: 30.12.16.
84. Taryn Danes: »Women would choose cosmetic surgery over healthy eating and exercise«, *Female first Online*, 30.03.2013, http://www.femalefirst.co.uk/health/women-choose-cosmetic-surgery-rather-than-healthy-eating-and-exercise-286256.html, Stand: 06.01.17.
85. I-Min Lee, Luc Djoussé und Howard D. Sesso et al.: »Physical Activity and Weight Gain Prevention«, in: *Clinician's Corner,* 303/12, 2010, S. 1173ff.
86. Weiterführende Leseempfehlung zum Thema Sport ist der Blog »Fit and Feminist«, https://fitandfeminist.com/.
87. Katharina Klein: »So gelingt der Männerfang«, *Women's Health Online,* 21.09.2013, http://www.womenshealth.de/love/kennenlernen/so-gelingt-der-maennerfang.1885.htm, Stand: 06.01.17.
88. Robin Baker: *Krieg der Spermien.* Limes, München 1997, S. 220ff.
89. Kirsten von Sydow und Andrea Seiferth: *Sexualität in Paarbeziehungen.* Hofgrefe, Göttingen 2015, S. 78.
90. »Was Männer verrückt nach uns macht. 44 Erotik-Kicks«, *Cosmopolitan Online,* 09.12.2014, http://www.cosmopolitan.de/was-maenner-verrueckt-nach-uns-macht-44-erotik-kicks-52438.html, Stand: 18.01.17.
91. Linda Thalberg: »Klick!Mich!An!«, *Women's Health,* Januar/Februar 2016, S. 101.
92. Emer O'Toole: »I'm glad my body hair can be read as a political statement«, *The Irish Times Online,* 04.07.2015, http://www.irishtimes.com/life-and-style/people/emer-o-toole-i-m-glad-my-body-hair-can-be-read-as-a-political-statement-1.2273903, Stand 10.01.17.
93. Oskar Piegsa: »*Liebe auf den ersten Blick gibt es wirklich!*«, *ZEIT Online,* 12.06.2012, http://www.zeit.de/campus/2012/04/kapitalismus-liebe-soziolgie/seite-2, Stand: 11.01.17.
94. Maria Furtwängler in der Hörbar Rust, *radioeins RBB,* 12.03.2017, http://www.radioeins.de/programm/sendungen/sendungen/28/1703/170312_eins_h_rbar_rust_30982.html, Stand 13.03.17.
95. Renate Valtin: »›Warum ich gern ein Mädchen oder ein Junge bin.‹ Selbstbilder und Stereotype von Mädchen und Jungen«, https://www.gender.hu-berlin.de/de/publikationen/…/texte37pkt8.pdf, Stand 08.01.17.
96. Anne Roiphe: *Fruitful. A Real Mother In The Modern World.* Penguin Books, London 1996, S. 146.
97. Emily Zemler: »*House of Cards* Costumer Breaks Down Robin Wright's Wardrobe«, *Elle Online,* 13.02.2014, http://www.elle.com/culture/movies-tv/news/a14883/tom-broecker-house-of-cards-interview/, Stand 16.01.17.

98. Patricia Garcia: »The Politics of Fashion: Can Julia Louis-Dreyfus's Style on *Veep* Win an Election?«, *Vogue Online,* 08.04.2014, *http://www.vogue.com/872538/veep-julia-louis-dreyfus-fashion-women-politics/,* Stand: 17.01.17.

99. Isabell Finger: »5 Gründe, warum das richtige Business-Outfit schlauer macht«, *Cosmopolitan Online,* 21.11.2016, http://www.cosmopolitan.de/kompetenz-ausstrahlen-5-gruende-warum-das-richtige-business-outfit-dich-schlauer-macht-77498.html, Stand: 17.01.17.

100. Brenda Strohmaier: *»Wieviel Dekolleté darf eine Kanzlerin zeigen?«, Welt Online,* 14.04.2008, https://www.welt.de/jahresrueckblick-2008/april/article1899926/Wieviel-Dekollete-darf-eine-Kanzlerin-zeigen.html, Stand: 17.01.17.

101. Gloria Steinem: *Outrageous Acts and Everyday Rebellions.* Holt, New York 1995, S. 193ff.

102. Anne-Marie Slaughter: *Unfinished Business.* Random House, New York 2015, S. 35f., Übersetzung Corinne Luca.